William Crowne

Blutiger Sommer –

Eine Deutschlandreise im Dreißigjährigen Krieg

William Crowne

Blutiger Sommer –

Eine Deutschlandreise im Dreißigjährigen Krieg

Ein wahrhafter Bericht aller bemerkenswerter Orte
und beobachteten Etappen der Reisen des recht ehrenwerten
Thomas Lord Howard, Earl of Arundel and Surrey, Primer Earl
und Earl Marshall of England, Sonderbotschafter für seine geheiligte
Majestät, Ferdinand II., deutscher Kaiser, im Jahre 1636.

Von William Crowne, Ehrenmann.

London, gedruckt für Henry Seile, zu kaufen in der Fleetstreet,
im Haus zum Tigerkopf zwischen Brücke und Kanal. 1637.

Herausgegeben, übersetzt und kommentiert von
Alexander Ritter und Rüdiger Keil

Unter Mitarbeit von
Sebastian Fasig, Kristin Krög, Konstanze Liskow, Veit Lorenz,
Andrea Ludes, Marie Martin und Philipp Spindler

Gefördert durch den Verein für Heimatkunde
für Stadt und Kreis Bad Kreuznach und den Förderverein
des Gymnasiums an der Stadtmauer, Bad Kreuznach

Einbandgestaltung: Peter Lohse, Heppenheim

Einbandbild: Pieter Snayers, Der Überfall auf die Kutsche (um 1650). Foto: akg-images

Abbildungsnachweis: Akg-images: S. 40, 41, 72; Roland, Berthold (Hrsg.): Wenzel Hollar – Reisebilder vom Rhein (Mainz 1987): S. 26 f., 30 f.; University of Toronto, Fisher Rare Book Library: S. 43, 85, 86; WBG-Archiv: S. 6, 8, 19, 23, 25, 28, 29, 32, 33, 34, 35, 36 f., 38 f., 42, 45, 47, 48, 50, 51, 52 f., 60, 61, 63, 66, 73, 75, 77, 80, 81, 83, 90

Die Deutsche Nationalbibliothek verzeichnet diese Publikation in der Deutschen Nationalbibliografie; detaillierte bibliografische Daten sind im Internet über http://dnb.d-nb.de abrufbar.

2., durchgesehene Auflage 2012

Die Herausgabe des Werkes wurde durch die Vereinsmitglieder der WBG ermöglicht.
Gedruckt auf säurefreiem und alterungsbeständigem Papier
Karte: Peter Palm, Berlin
Satz: Janß GmbH, Pfungstadt
Printed in Germany

Besuchen Sie uns im Internet: www.wbg-wissenverbindet.de

ISBN 978-3-534-25536-8

Elektronisch sind folgende Ausgaben erhältlich:
eBook (PDF): 978-3-534-73296-8
eBook (epub): 978-3-534-73297-5

Inhalt

Nova totius Germaniae descriptio/Teutschland. Johann Philipp Abelinus, Matthäus Merian d. Ä.: Theatrum Europaeum Bd. 1 (1662)

Thränen des Vaterlandes/ Anno 1636

Wir sind doch nunmehr ganz, ja mehr denn ganz verheeret!
Der frechen Völker Schar, die rasende Posaun
Das vom Blut fette Schwert, die donnernde Karthaun
Hat aller Schweiß, und Fleiß, und Vorrat auf gezehret.
Die Türme stehn in Glut, die Kirch' ist umgekehret.
Das Rahthaus liegt im Graus, die Starken sind zerhaun,
Die Jungfern sind geschänd't, und wo wir hin nur schaun,
Ist Feuer, Pest, und Tod, der Herz und Geist durchfähret.
Hier durch die Schanz und Stadt, rinnt allzeit frisches Blut.
Dreimal sind schon sechs Jahr, als unser Ströme Flut,
Von Leichen fast verstopfft, sich langsam fort gedrungen,
Doch schweig ich noch von dem, was ärger als der Tod,
Was grimmer denn die Pest, und Glut und Hungersnot,
Das auch der Seelen Schatz so vielen abgezwungen.

Andreas Gryphius

Wenzel Hollar: Thomas Lord Howard, Earl of Arundel (1646)

Einführung

Am Morgen des 19./29. November 1632 starb in der Kanzlei des kurfürstlichen Schlosses in Mainz ein Mann, der als „Winterkönig" deutsche und europäische Geschichte geschrieben hatte. Der aus Darmstadt herbeigerufene Leibarzt des hessischen Landgrafen hatte ein inzwischen abklingendes „pestilentes Fieber" attestiert, das aber nun den von Flucht und Exil, von politischen, militärischen und persönlichen Niederlagen gezeichneten „Winterkönig" Kurfürst Friedrich V. von der Pfalz das Leben gekostet hatte. Seit fast fünfzehn Jahren herrschte Krieg in Deutschland – ein Krieg, der zwei Jahre zuvor mit der Landung der Schweden in Pommern in seine blutigste Phase getreten war und weitere fünfzehn lange Jahre andauern sollte. Gemessen an dem politischen Aufsehen, das Friedrich zu Beginn des Krieges erregt hatte, wurde sein Tod im damals schwedisch besetzten Mainz diskret behandelt. Die Eingeweide des „Winterkönigs" wurden in der Katharinenkirche zu Oppenheim beigesetzt. Sein Leichnam wurde nach Frankenthal in die Obhut seines Bruders Ludwig Philipp von Pfalz-Simmern überführt und ging auf dessen spektakulärer Flucht vor den Spaniern verloren. Gleich mehrfach soll der Sarg des Winterkönigs dabei vom Wagen gefallen sein.[1]

Als Kurfürst von der Pfalz war Friedrich am 26. August 1619 von den böhmischen Ständen zum König gewählt worden. Damit verfügte er nunmehr über zwei Kurstimmen und war fast unerwartet zu einem der mächtigsten Fürsten Europas avanciert. König von Böhmen allerdings sollte er nur einen Winter lang bleiben, und bis 1623 verlor er auch alles Weitere: seine angestammten Hoheitsrechte und Besitztümer als Kurfürst von der Pfalz, Ansehen, Macht und Einfluss. Sämtlicher Rechte und Einkünfte beraubt, hatte er sich mit seiner Familie ins niederländische Exil begeben, konnte aber von dort aus bis zu seinem Tod weder politisch noch militärisch seine alten Ansprüche jemals wieder geltend machen.

Die Frage, inwiefern Friedrich – als Pfalzgraf und als König von Böhmen mit zwei Kurstimmen ausgestattet – die Vormachtstellung der Habsburger hätte brechen und das Reich politisch hätte umgestalten können, hat bis heute zu zahlreichen Spekulationen Anlass gegeben. Wäre der Dreißigjährige Krieg vermeidbar gewesen? Hätten die Reichsfürsten zu einer neuen Form konfessioneller Koexistenz unter einem protestantischen Kaiser finden können? Wie kaum ein anderer Fürst seiner Zeit hatte Kurfürst Friedrich V. von der Pfalz seinen Anhängern wie seinen Feinden vor Augen geführt, wie nahe Ehrfurcht und Spott, Fähigkeit und Unvermögen, Erfolg und Scheitern beieinander liegen können.

Die Reisegesellschaft der diplomatischen Mission

Als Thomas Lord Howard, Earl of Arundel, um 1636 vom englischen König nach Wien und Regensburg entsandt wurde, ging es um nichts Geringeres als die Restitution, die Wiedereinsetzung der Familie des „Winterkönigs" in ihre angestammten Würden und Besitztümer. Doch ging es Lord Howard nicht alleine um Politik, denn er war ein leidenschaftlicher Kunstmäzen und galt als einer der größten Kunstsammler seiner Zeit. Der Earl hatte sich selbst zu der Reise an den kaiserlichen Hof in Wien vorgeschlagen, hätte aber lieber eine Mission nach Rom übernommen.[2]

In seinem Gefolge reisten Persönlichkeiten, die kulturell kaum weniger interessiert waren als der Earl selbst – allen voran der damals erst achtzehnjährige Chronist unseres Reise-Tagebuchs, William Crowne, und ab Köln der böhmische Landschaftszeichner und Kupferstecher Wenzel Hollar.[3] Aus Crownes Feder stammt der hier erstmals vollständig ins Deutsche übersetzte Text des vorliegenden Reiseberichts. Hollar hielt viele der von Crowne beschriebenen Einzelheiten bis hin zu technischen Details der verwendeten Fahrzeuge sowie die Kleidung der dort angetroffenen Menschen bildlich fest. Auf zahlreichen Bildern erkennt man – einmal mehr und einmal weniger exponiert – den Konvoi der Engländer mit dem dazugehörigen Versorgungsfloß. Auch die Datierung der Zeichnungen stimmt mit den Angaben Crownes meist überein, so dass wir es hier mit einem Reisebericht in Wort und Bild zu tun haben. Zumindest einige Blätter, die Hollar nach der Reise radierte, scheinen zur Veröffentlichung vorbereitet gewesen zu sein, denn sie stimmen in Format und Rahmung überein. Umso erstaunlicher ist es, dass er bislang nicht als solcher veröffentlicht wurde.

Dass Crownes Bericht tatsächlich ohne Hollars Radierungen gedruckt wurde, ist vermutlich auf den Umstand zurückzuführen, dass Arundel den Text bereits unmittelbar nach Rückkehr der Delegation nach England veröffentlichen ließ. Ob er damit die weitere Karriere seines jungen Chronisten befördern wollte oder andere Ziele damit verfolgte, muss offenbleiben. So fällt auf, dass sich niemand – noch nicht einmal der Autor selbst – zuvor die Mühe machte, den Text noch einmal zu redigieren oder etwa die genannten Ortsnamen auf ihre damalige Schreibweise hin zu überprüfen. Auch der phantasievoll ausgestaltete Abstecher der Delegation nach Augsburg, der die Reisenden angeblich bis nach Russland, Spanien, Italien und Griechenland führte, wirft Fragen auf, die sich kaum beantworten lassen.[4] Wurden diese Abschnitte nachträglich vom Verleger ergänzt? Der Umstand, dass es zu keinem illustrierten Buch kam und Crownes Texte bei allen Übereinstimmungen mit Hollars Zeichnungen in der Schreibweise von Orten oft voneinander abwichen, gab zu der Vermutung Anlass, dass sich beide nicht besonders gut verstanden hätten. Dies erscheint jedoch unwahrscheinlich; vielmehr könnte doch William Crowne – wenn nicht der Earl selbst – Hollar sogar dazu bewogen haben, sich der Reisegesellschaft anzuschließen.[5] Zudem darf nicht vergessen werden, dass Hollar die deutschen Ortsnamen in seiner Muttersprache notieren konnte, wohingegen Crowne als Engländer meist auf deren phonetische Schreibweise angewiesen war.

Um zu verstehen, was Arundel in das von Krieg und Seuchen gepeinigte Reichsgebiet führte, darf nicht unerwähnt bleiben, dass derlei „Kavaliersreisen" auch während des Dreißigjährigen Krieges für Angehörige des Hochadels nicht ungewöhnlich waren.[6] Trotz des andauernden Kriegszustandes eilte zumindest den größeren Städten des Heiligen Römischen Reichs deutscher Nation der Ruf voraus, reich an Kunst und Kultur und damit kulturgeschichtlich außerordentlich bedeutend zu sein. Die römischen Ausgrabungen bei Xanten erschienen Crowne nicht minder bedeutsam als das damals gerade erst fertiggestellte Waldsteinpalais in Prag. Den Objekten in der Kunst- und Wunderkammer Kaiser Rudolfs II. auf dem Prager Hradschin, eine der damals weltweit wichtigsten Sammlungen dieser Art, widmete er gar drei Seiten seines Berichts. Nicht wenige Exponate der damals noch vollständigen Sammlung, die im weiteren Verlauf des Dreißigjährigen Krieges beraubt wurde, lassen sich auf diese Weise identifizieren – etwa der gegen Ende des Krieges von den Schweden beschlagnahmte und heute in der königlichen Bibliothek zu Stockholm befindliche Codex Gigas.

Die Gefährdung dieser und anderer Sammlungen durch den andauernden Kriegszustand wird dem kunstsinnigen Earl of Arundel wohl bewusst gewesen sein. So nutzte er seine Mission auch, um selbst Kunstgegenstände für seine Sammlung zu erwerben. Dieses von vielen Zeitgenossen geteilte Bewusstsein, Deutschland stehe nach inzwischen fast zwanzig Jahren Krieg am Abgrund völliger Zerstörung, mag einer der Gründe dafür gewesen sein, die Reise so genau dokumentieren zu lassen. Denn Crownes Reisebericht und Hollars Zeichnungen halten den damaligen Zustand vieler Orte, Schlösser und Kirchen oft bis in architektonische Details hinein fest. Diese Informationen sind für baugeschichtliche Rekonstruktionsversuche von außerordentlichem Wert und bis heute noch nicht umfassend wissenschaftlich ausgewertet. Auf seiner Reise durch Deutschland befand sich der Earl of Arundel in „most exclusive, efficient and brilliant company" – nach Auskunft des Theatrum Europaeum zumindest zeitweise „mit einem ansehnlichen Comitat von 97 Personen und vielen Pferden."[7] Die englische Staatskasse kostete die Expedition über 25 000 Pfund. Rechnet man dazu die privaten Auslagen des Earl, sollen die Gesamtkosten dieser Reise über 70 000 Pfund betragen haben.[8]

Ohne gründliche Vorbereitung und verlässliche Begleiter konnte man ein solches Unternehmen, das den Earl durch die von Krieg und Seuchen geschüttelten Gebiete am Rhein und in der Oberpfalz führte, allerdings auch nicht durchführen. Zunächst wären zu nennen Edward Walker, Arundels Sekretär, sowie Sir John Borough, ein Beamter des Londoner College of Arms. Seit 1623 war Borough auch Keeper of the Records im Tower und damit verantwortlich für das Staatsarchiv. Er galt als Experte in Fragen des Völkerrechts und war somit einer der wichtigsten politischen Berater Arundels auf dieser Reise.[9] Boroughs Sohn Caisho nahm privat an der Mission teil und trennte sich in Süddeutschland von der Gruppe. Der Vater beabsichtigte, ihn auf eine Kavaliersreise nach Italien zu schicken, wollte aber vermeiden, dass ihm auf einer uneskortierten Reise durch Deutschland etwas zustieße. Francis Windebank, Sohn des gleichnamigen königlichen Secretary of State, sollte Caisho Borough nach Italien begleiten. Sein Vater hatte ihn der Obhut des Earl of Arundel anvertraut, dessen fünfter Sohn, William Howard, ebenfalls mit weiter nach Italien reisen sollte. Dort sollte sich William Petty, den der Earl mit der Begutachtung und dem Ankauf von Kunstwerken beauftragt hatte, der drei Jungen annehmen.[10] Aus diesen Gründen war unter den Expeditionsteilnehmern auch Dr. William Harvey, königlicher Leibarzt, Naturwissenschaftler und – wie Arundel – Kunstmäzen. Harvey hatte sich durch die Entdeckung des menschlichen Blutkreislaufes einen wissenschaftlichen Namen gemacht – eine Entdeckung, die ihn später weltberühmt machen sollte. Auch er sollte die Gruppe in Augsburg verlassen, um nach Italien weiterzureisen. Bevor er im November 1636 wieder in Regensburg eintraf, um in Arundels Gefolge zurück nach England zu reisen, hatte er sich nachweislich bei William Petty in Venedig, dann aber auch in Florenz und Rom aufgehalten. Sicherlich war er auch in Padua, denn dort hatte Harvey Medizin und Anatomie studiert.[11] Wenzel Hollar, dessen Vorliebe für Landschaften und seltene Pflanzen Harvey wohl teilte, erinnerte sich später an die gemeinsame Zeit im Gefolge Arundels: „Dr. Harvey would still be making observations of strange trees and plants, earths, etc., and sometimes he was like to be lost, so that my Lord Ambassador would be really angry with him for there was not only a danger of thieves but also of wild beasts."[12] Als sich Arundel und seine Begleiter auf ihrer Rückreise nach England im November 1636 ein zweites Mal in Nürnberg aufhielten, führte Dr. Harvey eine öffentliche anatomische Sektion durch. Damit wollte er seinen Kritiker und früheren Kommilitonen aus Padua, den Nürnberger Medizinprofessor Caspar Hofmann (1572–1648), von der Richtigkeit seiner Theorie über den menschlichen Blutkreislauf überzeugen. Obwohl Harvey seine Beobachtungen hinreichend begründete, gelang es ihm nicht, den Professor zu überzeugen. Wutentbrannt soll er den Professor am Sektionstisch stehen gelassen haben.

Ein anderer William Howard, ein Cousin des Earl of Arundel, nahm ebenfalls an der Expedition teil. Er scheint gute Beziehungen zum Jesuitenorden und der Kurie in Rom unterhalten zu haben, was für den Zweck der Reise sicherlich von Vorteil sein sollte.[13] Was hier für die englischen Interessen galt, musste indes für die pfälzischen noch lange nicht gelten. Pfalzgräfin Elisabeth hatte deshalb dafür gesorgt, dass sich einer ihrer Vertrauten, der kurpfälzische Diplomat Johann Joachim von Rusdorf, der englischen Delegation ebenfalls anschloss – schließlich ging es ja vorrangig um eine pfälzische Angelegenheit. Rusdorf war das einzige Delegationsmitglied, das am kaiserlichen Hof persönlich bekannt war.[14] Doch wurde er, da die Kurpfalz als Staat nicht mehr existierte, weder von Arundel noch von der kaiserlichen Seite in alle die Pfalz betreffenden Verhandlungen einbezogen.

Der Dreißigjährige Krieg und der Winterkönig

Für den Ausbruch des Dreißigjährigen Krieges hatten politisch-konfessionelle Auseinandersetzungen zwischen Katholiken und Protestanten eine entscheidende Rolle gespielt, wobei insbesondere die protestantische Seite keinesfalls geschlossen auftrat. Die Calvinisten kämpften um die reichsrechtliche Anerkennung ihrer Konfession, die Katholiken hingegen wollten eine Eindämmung des Protestantismus. Die reichsrechtliche Anerkennung des lutherischen Bekenntnisstandes war zwar bereits im Augsburger Religionsfrieden von 1555 ausgesprochen worden, doch war selbst innerhalb des protestantischen Lagers strittig, ob sich diese Rechtsgarantie auch auf die verschiedenen protestantischen Bekenntnisse calvinistischer Prägung erstreckte. Dennoch gründeten acht protestantische Fürsten und siebzehn protestantische Städte um 1608 die sogenannte Union, ein Defensivbündnis unter der Führung der Kurpfalz. Als Reaktion darauf gründeten die Katholiken unter der Führung Maximilians von Bayern um 1609 die Liga, der sich die meisten katholischen Reichsstände anschlossen.

Seit Ende des Konzils von Trient im Jahre 1563 und der in diesem Zusammenhang erfolgten Ansiedlung der Jesuiten in den katholischen Territorien des Reichs setzte eine umfassende Rekatholisierung konfessionell indifferenter Gebiete ein. So auch in den habsburgischen Territorien – vor allem in Oberösterreich und Böhmen. Aufgrund der daraus resultierenden Spannungen zwischen Kaiser Rudolf II. (1576–1612) und den böhmischen Ständen wurde diesen schließlich im sogenannten Majestätsbrief von 1609 weitgehende Autonomie und vor allem Religionsfreiheit garantiert. Kaiser Matthias (1612–1619) forcierte die Gegenreformation und konnte trotz der wachsenden Opposition der böhmischen Stände noch im Jahre 1617 die Krönung seines Cousins Ferdinand von Innerösterreich zum König von Böhmen durchsetzen. Dies führte zu dem spektakulären Prager Fenstersturz. Als am 13. Mai 1618 eine protestantische Verschwörergruppe die kaiserlichen Statthalter Martinitz und Slavata aus einem Fenster der Prager Hofkanzlei warfen, brach der offene Aufstand gegen die Herrschaft der Habsburger in Böhmen aus.[15] Am 20. März 1619 starb Kaiser Matthias. Durch die Böhmische Konföderation vom 31. Juli 1619 wurde Ferdinand als böhmischer König abgesetzt und der Protestantismus de facto Staatsreligion in Böhmen.

Nur knapp einen Monat später, am 27. August 1619, wählten die böhmischen Stände Friedrich V., den Kurfürsten von der Pfalz, zu ihrem neuen König. Friedrich war Calvinist und indem er die Wahl annahm, betraf die böhmische Sache das gesamte Reich – hatten doch die Protestanten nunmehr die Mehrheit im Kurfürstenkollegium und damit mittelfristig die Möglichkeit, einen protestantischen Kaiser zu wählen. Nicht zuletzt aufgrund des innerprotestantischen Gegensatzes zwischen Lutheranern und Calvinisten war dies jedoch vorerst nicht möglich, zumal viele lutherische Fürsten den Religionsfrieden von 1555 durch eine Aussöhnung mit dem Calvinismus nicht gefährden wollten. Am 28. August 1619, nur einen Tag nach der böhmischen Königswahl, gelang es daher, erneut einen Katholiken aus dem Haus Habsburg zum Kaiser zu wählen: Ferdinand II. (1619–1637), der erst kurz zuvor als König von Böhmen für abgesetzt erklärt worden war und nun seinen Anspruch auf die Krone Böhmens erst recht durchsetzen wollte. Verständlicherweise blieben die böhmischen Stände bei ihrer Weigerung, Ferdinand als ihren König anzuerkennen.

Mit Unterstützung Maximilians von Bayern und der katholischen Liga zog der Kaiser nun gegen Friedrich von der Pfalz und die protestantische Union zu Felde. Zuvor aber unterwarf er die protestantischen Stände in Oberösterreich, in seinen Erblanden. Nach dem Sieg der Liga in der Schlacht am Weißen Berg bei Prag am 8. November 1620 musste Friedrich aus Prag fliehen und die böhmische Krone an Ferdinand abtreten. Der ihm von der kaiserlichen Propaganda in Erwartung einer kurzen Herrschaft gegebene Spottname „Winterkönig" blieb an ihm haften. Doch damit nicht genug:

Kaiser und Liga warfen ihm vor, den Reichsfrieden gebrochen zu haben. Und da er sich dem Kaiser nicht unterwarf, wurde ihm bis 1623 noch die Kurwürde und die Herrschaft über die Pfalz aberkannt. Die pfälzische Kur fiel auf Betreiben des Kaisers an Maximilian von Bayern, wurde aber als Zugeständnis an die protestantischen Fürsten zunächst auf dessen Lebenszeit beschränkt.[16] Über diesen Sachverhalt hatte nun Arundel im Jahre 1636 zu verhandeln, denn Elisabeth von der Pfalz, die Witwe des „Winterkönigs", war eine Schwester des englischen Königs Karl I.

War für die katholische Partei mit der Schlacht am Weißen Berg um 1620 die Zeit einer anhaltenden militärischen Dominanz angebrochen, wandte sich das Kriegsglück knapp zehn Jahre später zugunsten der Protestanten: König Gustav Adolf von Schweden[17] war am 6. Juli 1630 mit einer Armee von 13 000 Mann in Pommern gelandet – einer Armee, die sich innerhalb der nächsten Monate fast um das Vierfache vergrößern sollte. Kurfürst Friedrich, seit 1623 in Den Haag im Exil, hoffte nun mit Hilfe des Schwedenkönigs in seine früheren Ämter und Besitzungen wiedereingesetzt zu werden. Doch erwiesen sich diese Erwartungen bald als illusorisch, denn Gustav Adolf wollte seinen einmal im Reich gewonnenen Einfluss mit niemandem teilen. So ließ er zunächst Mainz, das er am 23. Dezember 1631 kampflos besetzt hatte und als Winterquartier nutzte, militärisch ausbauen. In dieser Zeit entstand gegenüber der Stadt an der Mainmündung die Festung Gustavsburg. Die ihm von den Engländern und Niederländern angebotene finanzielle und militärische Unterstützung zur Restitution des Pfalzgrafen nahm der schwedische König gerne entgegen, doch war er gegen ein selbstständig operierendes englisches Heer. Zudem behielt er sich in der unteren Pfalz weiterhin ein Besatzungsrecht vor, sollte er Friedrich wieder zu seinen Ämtern und Besitzungen verhelfen. Außerdem sollte den schwedischen Soldaten die freie Nutzung des Landes eingeräumt werden und die Bevölkerung müsse sich an den Kriegskosten beteiligen. Diese und weitere Bedingungen für eine Restitution der Pfalz glaubte der Pfalzgraf ablehnen zu müssen.

Dennoch zog Pfalzgraf Friedrich am 17. Mai 1632 an der Seite des Schwedenkönigs in das von diesem eroberte München ein. An anderen militärischen Unternehmungen beteiligte er sich allerdings nicht. Auch war Friedrich nicht am Unglücksort, als Gustav Adolf am 6./16. November 1632 nach der Schlacht von Lützen tot aufgefunden wurde. Keine zwei Wochen später starb der Pfalzgraf in Mainz an der Pest. Anwärter auf die zu restituierende Pfälzer Kurwürde war von nun an Karl Ludwig, der zweitälteste Sohn des „Winterkönigs".

In dieser für die deutschen Protestanten aussichtslosen Situation reiste Arundel Anfang 1633 zum ersten Mal in die Niederlande, um den Generalstaaten und der kurpfälzischen Exilregierung die Unterstützung Englands in der pfälzischen Frage zuzusichern.[18] Mit dieser zunächst einmal rein moralischen Unterstützung gelang eine Erneuerung der protestantischen Union unter der Führung Schwedens. Dieser Allianz trat auch Frankreich bei, mit verheerenden Folgen für die von Schweden besetzten Gebiete in Bayern. Wallenstein sah sich dazu veranlasst, mit der gegnerischen Seite zu verhandeln, fiel am Hof zu Wien in Ungnade und wurde am 25. Februar 1634 in Eger ermordet. Die Schweden hingegen konnten sich in Bayern nicht halten. In der Schlacht von Nördlingen am 5. und 6. September 1634 erlitten sie eine vernichtende Niederlage und mussten sich daraufhin mit ihren protestantischen Verbündeten an den Rhein zurückziehen. Dies führte in der Folge zum Prager Frieden von 1635, aber auch zum Eintritt Frankreichs in den Krieg und somit zum blutigsten Kapitel des Dreißigjährigen Krieges.

Ziel des Prager Friedens war es, den Krieg zwischen den Reichsständen und dem Kaiser zu beenden sowie das Reich von fremden Truppen zu befreien und Herzog Maximilian von Bayern den Besitz der pfälzischen Kurwürde zu garantieren. Zwar beendete dieser Vertrag den Krieg zwischen den Reichsständen und dem Kaiser, denn bis auf Bernhard von Sachsen-Weimar und Landgraf Wilhelm V. von Hessen-Kassel hatten ihn nach und nach alle Fürsten ratifiziert. Ein allgemeiner Frieden konnte aber nicht hergestellt werden, da Frankreich und Schweden mit ihren deutschen Verbündeten Sachsen-Weimar und Hessen-Kassel weiter gegen das habsburgische Kaiserhaus kämpften.

Auf der Seite Frankreichs und Schwedens stand auch die Republik der Sieben Vereinigten Niederlande, die schon seit 1568 um ihre Unabhängigkeit von den spanischen Habsburgern kämpfte und auch dem entmachteten kurpfälzischen Hof Asyl bot. Da diese Seite einer habsburgischen Vorherrschaft in Europa nicht zuletzt aus konfessionellen Gründen ablehnend gegenüberstand und von einer Restitution des Pfalzgrafen als Kurfürst erheblich hätte profitieren können, war der Prager Friede für sie in der vorliegenden Form nicht annehmbar. An dieser Stelle hätte England die Rolle eines Schlichters zufallen können, denn Karl I. war nicht nur über seine Schwester mit dem entmachteten Pfalzgrafenhaus dynastisch verbunden, sondern auch selbst mit einer Schwester des französischen Königs verheiratet. Andererseits neigte er – aus dem Haus Stuart stammend – selbst latent dem Katholizismus zu und war schon aus kolonialpolitischen Gründen nicht daran interessiert, sich mit den mächtigen spanischen und österreichischen Habsburgern zu überwerfen.

In dieser Situation schickte er den Earl of Arundel, seinen ranghöchsten Diplomaten, an den kaiserlichen Hof, um dort hinsichtlich einer endgültigen Lösung der pfälzischen Frage zu sondieren und die Option einer englischhabsburgischen Allianz in Aussicht zu stellen. Ihm unterstand John Taylor, der die Verhandlungen über die Restitution des Pfalzgrafen am kaiserlichen Hof in Wien eröffnet hatte.[19] In seinen Berichten nach London hatte dieser immer wieder die Auffassung vertreten, dass sich der Kaiser sicherlich zur sofortigen Restitution der Rheinpfalz und zur Rückübertragung der Kurwürde an den Pfalzgrafen Karl Ludwig nach dem Tod Maximilians von Bayern bewegen lassen würde. Arundel aber konnte nach seinem Zusammentreffen mit dem Kaiser in Linz diese Auffassung nicht mehr teilen.[20] Dies lag indessen an beiden Seiten, denn im Vorfeld der Verhandlungen hatte der König von England als Gegenleistung für die Restitution des Pfalzgrafen eine englisch-habsburgische Allianz in Aussicht gestellt. Davon war in Arundels Instruktion jedoch nur noch in sehr verklausulierter Form die Rede. Die kaiserlichen Räte betrachteten jedoch gerade darin den eigentlichen Verhandlungsgegenstand und verwiesen darauf, dass man bereits im Februar 1636 angeboten habe, große Teile der Rheinpfalz zurückzugeben und auch den Bann gegen den Pfalzgrafen aufzuheben. Als Vertreter der englischen Seite hatte Arundel also wenig anzubieten; er sollte sich aber mit nichts weniger zufriedenzugeben als der vollständigen Restitution der Pfalz und der Rehabilitation des Pfalzgrafen. Dies kam, zumindest aus Sicht Maximilians von Bayern, einer Kriegserklärung gleich und sorgte noch in Linz für heftige Kontroversen, so dass Arundel bereits dort erwog, die Mission abzubrechen und nach England zurückzukehren.[21]

Sein kunsthistorisches Interesse und die Option, dass sich auf dem Kurfürstentag in Regensburg neue diplomatische Konstellationen ergeben könnten, mögen ihn davon abgehalten haben. Die Zeit aber arbeitete für die kaiserliche Partei, denn Maximilian von Bayern hatte im Jahr zuvor in zweiter Ehe seine Nichte, Maria Anna von Österreich, geheiratet. Sie war eine Tochter Kaiser Ferdinands II. und es war bekannt, dass der bisher kinderlose Kurfürst ein Kind von ihr erwartete. Sollte dieses Kind ein Junge und damit ein männlicher Thronerbe sein, würden sich der Kaiser und der Kurfürst von Bayern mit allen Mitteln gegen eine Restitution der Kurwürde an das Pfalzgrafenhaus wehren. Die pfälzische Frage konnte auf dem Kurfürstentag in Regensburg nicht geklärt werden. Nachdem sich der Kaiser zuvor mit dem spanischen Botschafter und den Vertretern des bayerischen Kurfürsten beraten hatte, eröffnete man Arundel am 12. September 1636 die kaiserliche Resolution zur pfälzischen Frage: Die Kurwürde und die Oberpfalz sollten bei Bayern verbleiben, die Rheinpfalz sollte bei gleichzeitigem Wegfall des Bannes an die Erben des Winterkönigs restituiert werden. Arundel wies diese Erklärung erneut als völlig unzureichend zurück. Am 31. Oktober 1636 wurde Herzog Maximilian ein Erbe geboren: Ferdinand Maria.[22]

Nach dem Scheitern der Arundel-Mission sah König Karl I. von England in einer Annäherung an die französische Krone die nunmehr einzige Möglichkeit, eine vollständige Restitution der Pfalzgrafen doch noch erreichen zu können. Schon während Arundels Aufenthalt in Deutschland hatten englische Diplomaten am Hof in Paris zwei Entwürfe für einen englisch-französischen Bündnisvertrag ausgearbeitet. Der mit der Übermittlung dieser Entwürfe beauftragte Sekretär der englischen Botschaft in Paris traf etwa zeitgleich mit Arundel in London ein. Obwohl sich Arundel nach seiner Rückkehr sehr für diese Allianz einsetzte, kam es doch nicht zu einem konkreten Vertragsabschluss. Da aber die Umstände der Wahl Ferdinands III.[23] auf dem Regensburger Kurfürstentag – die bayerische Kurstimme war anfechtbar[24] und die Trierer Stimme wurde wegen der Inhaftierung des Kurfürsten ausgelassen – sowohl in London als auch in Paris große Entrüstung hervorgerufen hatte, kam es immerhin zu einer Art moralischer Allianz zwischen England und Frankreich.[25] Wie zu erwarten war, protestierte auch Erbprinz Karl Ludwig von der Pfalz gegen die Wahl Ferdinands III., und die Generalstaaten gaben ihm Recht.[26] Dies alles und auch das energische Auftreten Arundels müssen den Kaiser und Maximilian von Bayern dazu veranlasst haben, ihre Einstellung zur Pfälzischen Frage nochmals zu überprüfen – zumal beide an deren Lösung durchaus interessiert waren. So hatte Arundel nach Abbruch der Verhandlungen angedeutet, dass man die pfälzische Kurwürde auch bei Bayern belassen und den Pfalzgrafen mit einer achten Kurwürde restituieren könne.[27] Ende 1636 war dies lediglich eine Idee – doch zwölf Jahre später, im Epochenjahr 1648, wurde diese Idee als wesentlicher Bestandteil der westfälischen Friedensverträge Reichsgrundgesetz.

Nach der Reise

Nach dem Ende der Expedition blieb Wenzel Hollar am Hof des Earl of Arundel, um dessen Kunstsammlung zu betreuen. Als Assistent stand ihm dort spätestens seit 1638 der junge Frankenthaler Kupferstecher Hendrick van der Borcht d. J. (1614–1676) zur Seite, der ebenfalls bei Matthäus Merian in Frankfurt gelernt hatte. Van der Borcht hatte sich der Reisegruppe Anfang Mai 1636 in Frankfurt angeschlossen – wohl auf Hollars Vermittlung hin – und war dann gemeinsam mit Dr. Harvey weiter nach Italien gereist, um dort zunächst eine zweite Lehre zu absolvieren. Von dort aus folgte er Wenzel Hollar Ende 1637 an den Hof des Earl of Arundel. Als Hollar England um 1644 wegen des Bürgerkriegs vorübergehend verlassen hatte und seinem Herrn ins Antwerpener Exil folgte, emigrierte auch van der Borcht. Anders als Hollar aber blieb er in den Niederlanden und kehrte später nach Frankfurt und Frankenthal zurück, wo er wohl kurz vor 1676 starb.[28] Thomas Howard Earl of Arundel starb um 1646 in Padua im Exil. William Crowne emigrierte Ende 1657 oder Anfang 1658 nach Nordamerika und starb um 1682/83 in Boston. Sein genaues Sterbedatum ist – ebenso wie sein Geburtsdatum – nicht überliefert.[29]

Alexander Ritter

Portrait Wenzel Hollars von Jean Meyssens

William Crowne: Die Reisen des Thomas Lord Howard, London 1637

Ein wahrhafter Bericht aller bemerkenswerten Orte und beobachteten Etappen der Reisen des recht ehrenwerten Thomas Lord Howard, Earl of Arundel and Surrey, Primer Earl und Earl Marshall of England, Sonderbotschafter für seine geheiligte Majestät, Ferdinand II., deutscher Kaiser, im Jahre 1636.

Von William Crowne, Ehrenmann.

London, gedruckt für Henry Seile, zu kaufen in der Fleetstreet,[30] im Haus zum Tigerkopf zwischen Brücke und Kanal. 1637.

An meinen recht edlen und ehrenwerten Herrn, Herrn Thomas Howard, Sohn und Erbe des recht ehrenwerten Henry Lord Muravers, Enkel des recht ehrenwerten Thomas Earl of Arundel and Surrey, Lord High Marshall of England, und seiner Majestät Sonderbotschafter des Kaisers von Deutschland:

Edler Herr, ich weiß, die Euch eigene Güte ist so groß, dass Ihr diesen gutgemeinten Auszug nicht verachtet, obwohl er von einer unsicheren Hand verfasst wurde. Er berichtet über die schwierige Mission einer nicht geringeren Person als die Eures hochwohlgeborenen Großvaters, meines geachteten Herrn. Durch dessen weise Schritte könntet Ihr, wenn es unserem König gefallen sollte Euch einzuladen, den Kaiser ein zweites Mal zu besuchen, die Reiseroute besser kennen, und dadurch vor vielen drohenden Gefahren mithilfe einer derart vorausschauenden Fürsorge geschützt sein. Verzeiht mir, geehrter Herr, dass ich die Euch eigene Güte zu meinem gütigen Schutzherrn auserwählt habe. Sind doch meine Ziele und mein Bestreben allein darauf ausgerichtet, Euch zu dienen; und dafür muss der Nutzen der Eure sein. Wahrhaftig edler Herr, Eure Handlungsweise ist trotz Eures jungen Alters so vielversprechend, dass Ihr durch Eure Weisheit und Besonnenheit die Zeit überflügelt. Falls ich durch diese kühne, doch rechtschaffene Handlung Eure wohlwollende Zustimmung erhalten kann, darf ich nicht fürchten, was ein herber Schlag irgendeiner böswilligen Zunge mir tun kann, sondern werde Ruhm erlangen, als ergebener Diener eines solchen Herrn,

William Crowne.

Von London nach Mainz

Der siebte April 1636 war ein Donnerstag. Seine Exzellenz reiste von Greenwich nach Deutschland. Er nahm eine Bark gegen drei Uhr morgens, und ging in Gravesend an Land. Von dort reiste er mit der Kutsche nach Canterbury, um dort zu übernachten. Am nächsten Tag ging es nach Margate, wo wir speisten, und gegen drei Uhr nachmittags schiffte sich Seine Exzellenz auf einem Schiff des Königs namens „Happy Entrance“ ein und landete am zehnten Tag, einem Sonntag, in Hellevoetsluis. Von dort ging es nach Briel, wo wir über einen See in die alte Maas hineinsegelten. So ging es im Wagen weiter nach Delft und nach Den Haag,[31] aber eine Meile, bevor wir dorthin kamen, trafen wir auf einige Kutschen der Königin von Böhmen, die Ihre Majestät für Seine Exzellenz gesandt hatte. In einer dieser Kutschen fuhr Seine Exzellenz in dieser Nacht zu Ihrer Majestät.[32] Die Zeit, in der wir uns dort aufhielten, wurde mit Treffen des Prinzen von Oranien, Seiner Exzellenz und Vertretern der Generalstaaten mit einigen anderen Botschaftern wie dem französischen, dem venezianischen und dem schwedischen, die zu dieser Zeit dort weilten, verbracht. Hier blieben wir drei Tage und reisten am vierzehnten Tag mit Wagen ab. Wir fuhren durch Leiden nach Woerden und erreichten dann das Bistum Utrecht. So kamen wir in die Stadt selbst, wo wir auch blieben. Die Prinzen gingen dort zur Schule und Seine Exzellenz besuchte sie an diesem Abend.[33] Am nächsten Tag speisten wir in Rhenen, wo die Königin ein am linken Rheinufer liegendes Anwesen besitzt, mit schönen Räumen und Gärten, wie wir sahen.[34] Nach dem Mittagessen erreichten wir Gelderland und fuhren durch Wageningen nach Arnhem zur Unterkunft.

An diesem Nachmittag überstanden wir viele Gefahren, die von Deserteuren der Armee vor Schenkenschanz ausgingen, das nicht weit entfernt lag. Der Kurprinz von Brandenburg lebte hier in der Stadt und besuchte Seine Exzellenz am nächsten Tag.[35] Als dieser den Besuch des Kurprinzen tags darauf erwiderte, zeigte man ihm die Asche einiger Römer – aufbewahrt in Urnen, welche in einem Berg namens Xanten gefunden worden waren, an dem wir später noch vorbeikommen sollten.[36] Hier in Arnhem verbrachten wir den Ostersonntag und -montag und sahen den Rauch und das Feuer der großen Geschütze der Schenkenschanz, die sich gerade im Gefecht befanden.[37] Dorthin sandte Seine Exzellenz den Truchsess und einen Trompeter, um bei den Spaniern in der Schanz und bei dem Grafen Wilhelm[38] und den Holländern die Durchfahrt zu erbitten, was die Spanier aber ohne einen Befehl aus Brüssel nicht gestatteten.

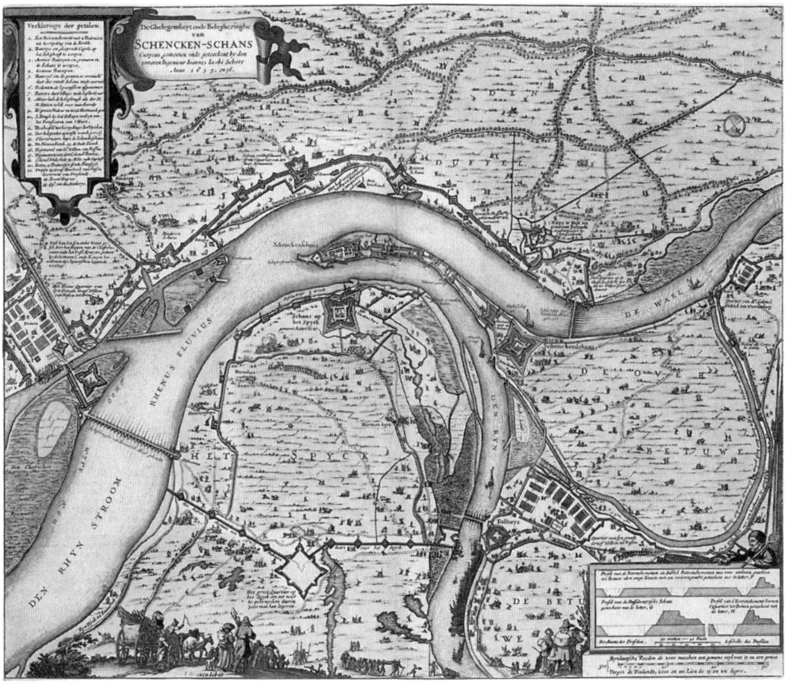

Belagerung der Schenkenschanz 1635/36. In der rechten unteren Bildhälfte das Tolhuys. Aus dem Atlas van Loon des Johannes Jacobus Schort (1649)

Nachdem Graf Wilhelm ihre Antwort zur Kenntnis genommen hatte, schickte er Seiner Exzellenz die Nachricht, dass er nicht daran zweifeln würde, dass dieser ihm freies Geleit für den nächsten Tag zusichern würde. Er entschied, die Schanz in dieser Nacht anzugreifen, und nach dem Angriff machten die Spanier Zugeständnisse und gaben ihren Posten auf. Daraufhin gab Seine Exzellenz gewisse Befehle, an die wir uns, wegen der hier weitverbreiteten Pest, alle hielten. Wir blieben drei weitere Tage dort und fuhren am neunzehnten Tag mit Kutschen in die Schanz. Zuerst überquerten wir den Rhein direkt bei der Stadt und gelangten rechtsrheinisch in das Fürstentum Kleve und dann an das Tolhuys, eine Festung, wo die Holländer Zoll erhoben und die am gleichen Ufer des Rheins lag. Dann durchquerten wir alle ihre Bastionen und ihre Armee, verließen die Schanz, die vollkommen zerstört war, bis wir in einiger Entfernung an das Zelt des Grafen Wilhelm kamen, wo einige Spanier die Bedingungen ihrer Kapitulation besiegelten, etwa welches Quartier sie haben sollten. Graf Wilhelm verließ sie sofort, um Seine Exzellenz über eine Schiffsbrücke an das andere Rheinufer zu bringen, beschützt von all seinen berittenen Truppen. So kamen wir an eine Barke, auf der Seine Exzellenz in dieser Nacht blieb. Dann kehrte Graf Wilhelm in sein Feldlager zurück und sandte eine Kompanie englischer Soldaten, um das Schiff Seiner Exzellenz zu beschützen. Am nächsten Tag lichteten wir früh den Anker und segelten rheinaufwärts. Am Ufer begleitete uns eine Leibwache von Soldaten, weil der Feind an diesem Morgen aus der Schanz herausmarschiert war. So kamen wir an Emmerich und Rees vorbei, Städte mit starken Befestigungen, die am linken Ufer des Rheins lagen, dann in Sichtweite des Berges Xanten am anderen Ufer, ebenso nach Büderich auf derselben Seite und nach Wesel, einer Stadt am linken Ufer des Rheins, wo wir schließlich ankerten. Wir blieben die ganze Nacht an Bord, weil hier täglich über dreißig Menschen an der Pest starben.[39] Trotzdem nahmen wir am nächsten Morgen achtzehn Wagen und hissten an drei verschiedenen Wagen unsere englischen Flaggen. Wir überquerten einen kleinen Fluss namens Lippe mit Booten und kamen am rechten Ufer an Rheinberg vorbei, welches die letzte Stadt der Staaten war.[40] Dann ging es weiter nach Dinslaken. Am gleichen Ufer näherten wir uns gegen Mittag Duisburg, aber keine unserer Kutschen durfte hinein, denn als Seine Exzellenz sich dem Tor näherte, feuerte einer der Wachtposten seine Muskete fast direkt vor der Brust der Pferde ab. Obwohl seine Kameraden sofort eine gegenteilige Order erhielten, blieben die Tore geschlossen, und wir blieben so lange draußen, bis die Stadtbewohner trotz unserer Kutschen und unseres großen Trosses davon überzeugt waren, dass wir keine Feinde waren.

Nach dem Mittagessen durchquerten wir einen großen Wald voller Gefahren. Als wir Wegelagerer sahen, die zwar nicht über uns herfielen, da wir eine große Anzahl Menschen waren, befürchteten wir das Schlimmste. Wir hatten vorher nach einer Truppe von Musketieren aus der nächsten Stadt gesandt, die allerdings erst zu uns stießen, als wir den Wald verließen.

Dann erreichten wir das Bergische Land und bezogen Unterkunft in Kaiserswerth bei Düsseldorf, was am linken Ufer des Rheins liegt. In Düsseldorf residierte der Herzog von Neuburg, der mit seiner Herzogin draußen an der frischen Luft spazieren ging.[41] Als er uns kommen sah, kehrte er schnell in die Stadt zurück und ließ die Tore schließen, weil er dachte, wir seien Feinde. Als er aber hörte, dass es Seine Exzellenz war, war er voller Freude und sandte Kutschen für ihn, damit er kommen und mit ihm das Nachtmahl einnehmen konnte, und um ihm sein Haus während seines Aufenthalts als Unterkunft zur Verfügung zu stellen. Am nächsten Morgen jedoch nach dem Frühstück spürte er, dass Seine Exzellenz aufbrechen wollte. Daher stellte er drei Kutschen bereit, die am Tor warteten. In einer ließ er Seine Exzellenz Platz nehmen, uns in den anderen. Dann geleitete er uns mit

Burg Drachenfels mit der Wolkenburg im Hintergrund. Federzeichnung von Wenzel Hollar, 1643/44

einer Kompanie bewaffneter Reiter seiner eigenen Leibwache und Fußsoldaten aus der Stadt; eine Truppe Lanzenträger ging voraus, und Trompeten schallten über die Kutsche hinweg. Nachdem wir durch die Tore hinausgeleitet worden waren, verabschiedete er sich von Seiner Exzellenz, kehrte zurück und ließ als Abschiedsgruß drei Salutschüsse für uns abfeuern.

Von dort fuhren wir an Neuss vorbei und überquerten den Rhein bei einem kleinen Dorf namens Hitdorf.[42] So gelangten wir in das Gebiet von Köln und dann in die Stadt selbst, wo wir blieben.[43] Sie befindet sich auf der rechten Seite des Rheins. Zu dieser Zeit hielt sich dort gerade der Bischof von Mainz auf, der einen seiner Räte zu uns schickte, um Seine Exzellenz für den nächsten Tag zum Abendessen einzuladen. Er sandte uns dann drei seiner Kutschen und bot Seiner Exzellenz eine vortreffliche Bewirtung.[44] In der ersten Nacht, als Seine Exzellenz ankam, wurden ihm vierundzwanzig verschiedene Weine gereicht, am nächsten Tag dann sogar achtundzwanzig. Bei jedem Geschenk richtete der Bote, der mit dem Wein gekommen war, eine lange Rede auf Latein an Seine Exzellenz. Der Wein stammte von den Stadträten und war in Krügen abgefüllt, die das Stadtwappen trugen. Die Jesuiten dort hatten ihnen eine stattliche Kirche gebaut, sie reichlich mit Gold verziert und darin einen der stattlichsten Altäre errichtet, die ich je gesehen habe.[45] In der Stadt gab es noch eine andere große Kirche, genannt der Dom, worin die Körper dreier Könige begraben lagen.[46] Diese „drei Könige von Köln“ waren ausgezogen, unseren Erlöser zu preisen. Außerdem

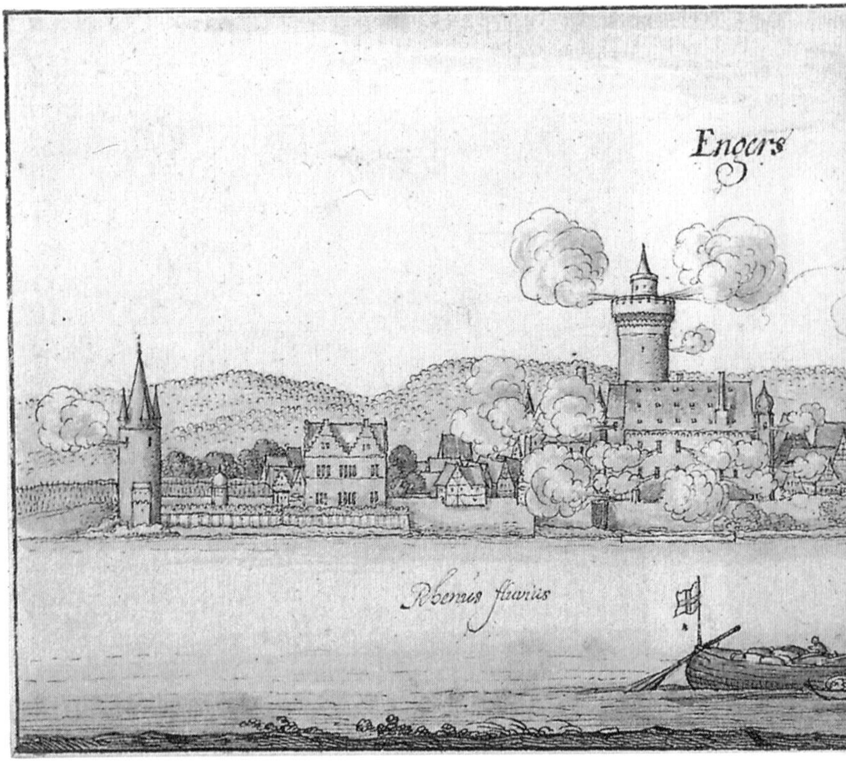

Stadt und Festung Engers mit dem Konvoi der Engländer im Vordergrund. Aquarellierte Federzeichnung von Wenzel Hollar, 1636

gibt es dort eine weitere Kirche namens Sankt Ursula, in der die Gebeine von 1100 [sic] Jungfrauen an verschlossenen Orten liegen.[47] Die heilige Ursula liegt in einer schönen Gruft[48] bei ihnen, die alle zu ihrer Huldigung dorthin kamen. Außerdem gibt es dort ein Nonnenkloster und einige englische Nonnen.[49]

Hier blieben wir eine Woche. Am achtundzwanzigsten Tag nahmen wir ein von neun Pferden gezogenes Boot und fuhren den Rhein hinauf. Wir kamen an vielen geplünderten und zerschossenen Dörfern und vielen ansehnlichen Weinbergen und Bergen entlang der Flussufer vorbei. Wir passierten Bonn, das auf der rechten Seite liegt, und sieben hohe Berge[50] mit alten Burgen darauf, die auf der anderen Seite des Flusses liegen. Und wir fuhren bis zur Burg Drachenfels auf der linken Seite des Rheins, wo wir Anker warfen. In dieser Nacht blieben wir an Bord des Schiffs und lichteten am nächsten Morgen früh den Anker. Wir kamen an einer Insel vorbei, auf

der sich ein Nonnenkloster namens Nonnenwerth befindet, weiterhin an der Burg Hammerstein, an Remagen, Andernach und Urmitz, drei Städten am rechten Ufer des Rheins. Bei Urmitz ankerten wir und blieben an Bord des Schiffes.

Am nächsten Tag lichteten wir früh den Anker und fuhren nach Engers auf der linken Rheinseite, wo das Trierische Land beginnt. So kamen wir nach Koblenz, einer Stadt, die am rechten Ufer des Rheins liegt. Die Franzosen hatten sie vor kurzem verloren und waren dann vor kaiserlichen Truppen in eine Burg auf einem hohen Felsen gegenüber der Stadt vertrieben worden, den Ehrenbreitstein, der die Stadt beherrschte.[51] Als wir kamen, befanden sie sich gerade im Gefecht, sodass wir den Anker über eine halbe englische Meile vor der Stadt auswarfen und einen Trompeter aussandten. Dieser sollte um Durchfahrt bitten, die sie bereitwillig gewährten, indem sie an beiden Ufern des Rheins die Kampfhandlungen einstellten. Der Kommandant der Stadt

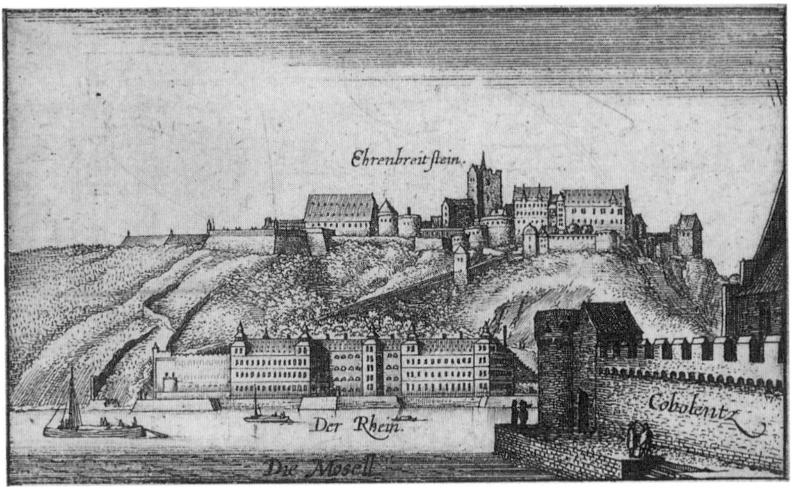

Die Mosell zu Cobolentz: Kupferstich mit Ansicht der Festung Ehrenbreitstein von Wenzel Hollar

schickte sich an, Seine Exzellenz zu bewirten. Er öffnete das Tor, um Seiner Exzellenz Einlass zu gewähren. Doch bald darauf feuerten die in der Burg eine Salve ab, die einige Menschen in der Stadt fast tötete, sodass sie davon absahen sich zu zeigen, bis Seine Exzellenz an das Tor kam. Als sie hervorkamen, ersuchten sie Seine Exzellenz, mit ihnen zu speisen. Er blieb aber nicht, weil er an diesem Abend noch einen langen Weg vor sich hatte.

Jene in der Burg wurden von allen Seiten belagert. Vor ihnen waren Kanonen direkt am Flussufer platziert, hinter ihnen war eine große Kompanie kroatischer Reiter; weiter entfernt, auf einem flachen großen Feld, waren andere Reiter und Fußsoldaten, ebenso auf Inseln im Rhein. Sie sahen, dass sie nicht abgelöst werden konnten, denn sobald sie in der Stadt aus ihren Fenstern blickten, hatten sie schon eine Kugel in ihren Köpfen. An der Mosel, die an der Stadt vorüber in den Rhein fließt, war die Stadt besser befestigt. Über sie führte eine schöne Brücke, und weil ein Teil von ihr jetzt zerstört war, konnte man sie nicht überqueren. Aber etwas unterhalb davon hatten sie eine Schiffsbrücke über die Mosel geschlagen, um die Stadt zu entlasten. Unter der Burg war ein wunderschönes Gebäude, welches der Kaiser dem Kurfürst von Trier geschenkt hatte. Dieser hatte es den Franzosen überlassen, woraufhin die spanischen kaiserlichen Truppen ihn, als er sich in seiner schönen Residenz in Trier aufhielt, belagert und gefangen genommen haben. Er ist immer noch eingesperrt.[52]

Als wir von dort abreisten, schossen die Franzosen fünf Salven mit schwe-

Der Binger Mäuseturm, im Vordergrund das Boot der Engländer.
Federzeichnung von Wenzel Hollar, 1636

ren Geschützen auf uns ab. Von dort aus fuhren wir den Rhein aufwärts, kamen an Lahnstein und Braubach vorbei, zwei Städte auf der linken Rheinseite, und an Stolzenfels, einer Burg auf einem Felsen auf der anderen Seite, bis nach Boppard, wo wir Anker warfen und über Nacht an Bord blieben.

Der erste Mai war ein Sonntag, und an diesem, ihrem Weißen Sonntag, reisten wir ab.[53] Wir kamen an zerstörten Dörfern und Bildern unseres Erlösers und der Jungfrau Maria, die an Flussbiegungen aufgestellt waren vorbei, bis wir das Land Hessen erreichten, wo wir noch ansehnliche Weinreben in den Hängen sahen. So passierten wir das rechtsrheinische Sankt Goar und die Burg Rheinfels, danach die Burg Katz am anderen Ufer und das wieder rechtsrheinisch liegende Oberwesel.[54] Dann beginnt die untere Pfalzgrafschaft, mit Kaub auf der linken Seite, der ersten Stadt in der Pfalz. Dort liegt die Burg Pfalzgrafenstein, die sich auf einer kleinen Insel mitten im Fluss befindet.

Von dort aus gelangten wir nach Bacharach, wo wir an Land gingen. Die Stadt liegt am rechten Ufer des Rheins, zu ihr gehört eine Burg auf einem hohen Felsen, die innerhalb der Stadtmauer liegt. Darunter, hundert Stufen oberhalb der Stadt, steht eine Kirche, wo wir arme Leute, deren Münder mit Gras vollgestopft waren, vorfanden.[55] Bald kamen wir an ein Dorf am gleichen Ufer, nicht weit von Bacharach entfernt, in dem sich nur Leprakranke befanden.[56] Schließlich kamen wir nach Heimbach am gleichen Ufer und oberhalb von Trechtingshausen nach Assmannshausen am anderen Ufer. Gegenüber dieser Stadt, die am linken Ufer des Rheins liegt, gingen wir vor Anker und blieben an Bord des Schiffes.

Am nächsten Morgen reisten wir von hier ab. Dann begann das Gebiet, das zu Mainz gehört. Wir passierten einen kleinen Turm im Wasser namens

Die Burg Pfalzgrafenstein bei Kaub, links das Boot der englischen Delegation. Lavierte Federzeichnung von Wenzel Hollar, 11. Mai 1636

Mäuseturm, den ein Bischof Otto [sic] von Mainz erbaut hatte, der nicht gottgefällig gelebt hatte und deshalb von Mäusen geplagt worden war.[57] In diesem Turm hatte der Bischof gelebt und gedacht, dass er hier sicher sei. Aber sogar hierhin hatten ihn die Mäuse verfolgt, um ihn dort aufzufressen. Dann erreichten wir Bingen, eine hübsche Stadt auf der rechten Seite, und dann, nach der Burg Ehrenfels auf der anderen Seite, Rüdesheim, eine Stadt am linken Ufer des Rheins, in die ich mich begab. Dort sah ich arme Menschen in einem kleinen alten Gebeinhaus beten.[58] Hier gab Seine Exzellenz den Armen ein Almosen. Dass sie fast verhungert waren, zeigte sich in der Gewalt, die sie anwandten, um das Essen der anderen zu bekommen. Von dort kamen wir nach Geisenheim, Eltville und Walluf, drei Städte am linken Ufer des Flusses. Dann überquerten wir den Rhein und gelangten so an das andere Ufer.

Schließlich erreichten wir Mainz, eine große Stadt, die sich nahe am Rhein auf der rechten Seite befindet. Gegenüber ankerten wir und blieben an Bord des Schiffes, weil es nichts in der Stadt gab, was uns anzog, seit sie vom König von Schweden eingenommen und völlig zerstört worden war. Dort war der König von Böhmen in einem schönen Eckhaus am Flussufer verstorben.[59] Die Menschen waren hier ebenfalls fast verhungert, und die, die die anderen vorher unterstützen konnten, baten nun demütig selbst darum, unterstützt zu werden. Nach dem Abendessen bekamen sie alle am Schiff ein Almosen. Doch als sie dessen gewahr wurden, rangen sie so heftig miteinander, dass einige von ihnen in den Rhein fielen und dabei fast ertrunken wären.

Rüdesheim von Osten mit Bingen auf der gegenüberliegenden Rheinseite. Links der Konvoi der Engländer. Federzeichnung von Wenzel Hollar, 1636

Von Mainz nach Linz

Am nächsten Tag, dem 3. Mai, reisten wir ab, verließen den Rhein eine halbe Leuge oberhalb der Stadt zu unserer Rechten und fuhren in einen seichten Fluss hinein, der Main genannt wurde. Wir kamen dabei an einem Ort vorbei, an dem der König von Schweden ein Fort hatte errichten lassen, welches aber nicht vollendet wurde.[60] Wir fuhren an Kastel zu unserer Linken vorüber, dann an Flörsheim, das ebenfalls am linken Ufer liegt, und an Rüsselsheim, welches am rechten Ufer des Mains liegt. Schließlich kamen wir in die prächtige Stadt Frankfurt.[61] Diese liegt am linken Ufer des Mains, wo wir auch anlegten und blieben. Von Köln bis Frankfurt waren alle Städte, Dörfer und Schlösser geschleift, ausgeplündert oder niedergebrannt. An jedem Ort, wo wir am Rhein angelegt hatten, waren wir an Bord geblieben, wobei wir abwechselnd Wache hielten.

Hier in Frankfurt blieben wir vier Tage, bis Kutschen für uns vorbereitet waren. Wir sahen den Ort, an dem die Reichstage abgehalten wurden.[62] Danach besuchten wir die St. Bartholomäus-Kirche, in der die römisch-deutschen Kaiser gekrönt und vereidigt wurden.[63] Die Stadt wird von Lutheranern und Juden bewohnt. Ich betrat die jüdische Synagoge, um die Art ihres Gottesdienstes zu sehen, der auf sehr unanständige Weise gehalten wird; sie machen einen grässlichen Lärm und tragen auf ihren Köpfen und über ihren Hälsen sogenannte Kapuzen. Die Frauen sind in ihrer Syn-

Ansicht Frankfurts vom Main mit Dom und Stadtmauer. Matthäus Merian, um 1617

agoge nicht zugelassen, sie dürfen sich lediglich außerhalb der Synagoge aufhalten.[64]

Am Sonntag, dem 7. Mai, fuhren wir mit Kutschen durch die Stadt und über zwei ständig von Soldaten bewachte Brücken und ließen den Main zu unserer Linken. Von da an schlossen wir uns einem Konvoi von Musketieren an, da wir die gefährlichen Gebiete um Offenbach und Seligenstadt, die zwischen uns und dem Main lagen, durchquerten. Wir zogen durch einen großen, gefährlichen Wald und hörten, wie mit großen Geschützen heftig auf Hanau gefeuert wurde, welches die Schweden unterworfen hatten, und das nun von den Streitkräften des Kaisers belagert wurde.[65] Als wir den Wald verließen, reisten wir zwei Meilen an einem großen Berg vorbei, dessen untere Ausläufer vollständig mit Wein bepflanzt waren, bis wir in ein kleines, verarmtes Dorf kamen, wo wir blieben und ein Mahl aus eigenem

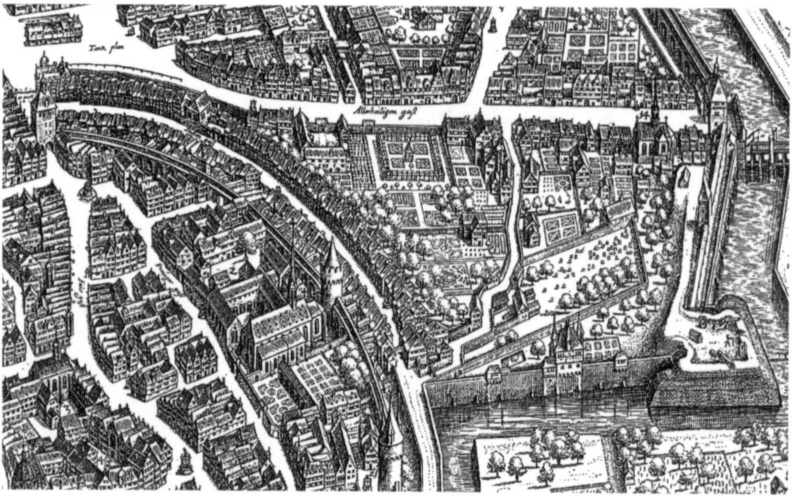

Die bogenförmige Judengasse, abgetrennt durch zwei Tore, auf dem Vogelschauplan des Matthäus Merian von 1628

Proviant zu uns nahmen. Nach dem Essen fuhren wir weiter über Ebenen, bis wir wieder auf den Main stießen, den wir überquerten und eine Stadt namens Klingenberg[66] erreichten.

Wir passierten diese und erreichten einen sehr hohen Hügel; der Weg dort hinauf war zwei englische Meilen lang und steinig. Danach durchquerten wir einen Wald, hinter dem ein kleines, verarmtes Dorf namens Neunkirchen lag.[67] Hier fanden wir ein brennendes Haus vor und sonst niemanden im ganzen Dorf. Dennoch waren wir gezwungen, die ganze Nacht hier zu verweilen, da es bereits sehr spät war und es keine Stadt gab, die weniger als vier englische Meilen entfernt war. Wir verbrachten die Nacht voller Angst hin und her laufend, die Karabiner in unseren Händen, da wir Geschütze in den uns umgebenden Wäldern feuern hörten. Mit den glühenden Überresten aus dem verbrannten Haus röstete Seine Exzellenz das Fleisch für das Abendessen. Am nächsten Morgen machte sich Seine Exzellenz auf den Weg zur Kirche, die wir ausgeplündert vorfanden, die Bilder und Altäre entweiht. Auf dem Friedhof sahen wir einen Leichnam, der aus seinem Grab gescharrt worden war. An einem anderen Ort, außerhalb des Friedhofs, fanden wir einen weiteren Leichnam. Wir betraten viele Häuser, fanden sie aber alle leer auf. Dann verließen wir diesen unglückseligen Ort und hörten später, dass die Bewohner des Dorfes aufgrund der Pest geflüchtet waren und das Haus selbst angezündet hatten, damit Reisende nicht infiziert werden würden.

Wir kamen nun in das Würzburger Land und stiegen einen weiteren stei-

Klingenberg aus der Topographia Hassiae von 1655

len Hügel hinab, dort überquerten wir einen kleinen Fluss namens Tauber. Wir durchquerten Reicholzheim und erreichten Neubrunn, ein armes Dorf, wo wir einkehrten.[68] Nach dem Essen kamen wir durch Wälder und über flaches Land bis an den Main, bis wir die schöne Stadt Würzburg erreichten.

Zuerst kamen wir über eine Brücke, die über den Main in die Stadt hinein führte. Diese lag am linken Ufer des Flusses. Gegenüber der Stadt befand sich ein schönes Schloss, in das die Stadt all ihre Reichtümer brachte, als man hörte, dass der König von Schweden komme.[69] Man dachte, dass sie dort nicht gestohlen würden, doch als der König von Schweden davon erfuhr, unternahm er einen Überraschungsangriff und plünderte das Schloss drei Tage lang. Erst drei oder vier Monate später konnten die Streitkräfte des Kaisers es zurückerobern. Am nächsten Tag, dem 10. Mai, reisten wir früh ab und erreichten das Land des Markgrafen.[70]

In Kitzingen speisten wir, reisten dann durch die Stadt Iphofen und nach Markt Bibart, wo wir die Nacht an Bord des Schiffes verbrachten, da die Stadt am Tag zuvor geplündert worden war. Früh am nächsten Morgen reisten wir ab und durchquerten Neustadt, eine einstmals schöne Stadt, die jedoch geplündert und furchtbar niedergebrannt worden war. Hier sahen wir einige zerlumpte Kinder an ihren Türen sitzend, fast zu Tode gehungert. Seine Exzellenz befahl, sie mit Geld und Fleisch zu ihren Eltern zu schicken. Von hier reisten wir nach Emskirchen, einem armen Dorf, wo wir von unserem eigenen Reiseproviant speisten, da nichts anderes aufzufinden war. Nach dem Essen reisten wir noch durch viele Dörfer, die ausgeplündert und

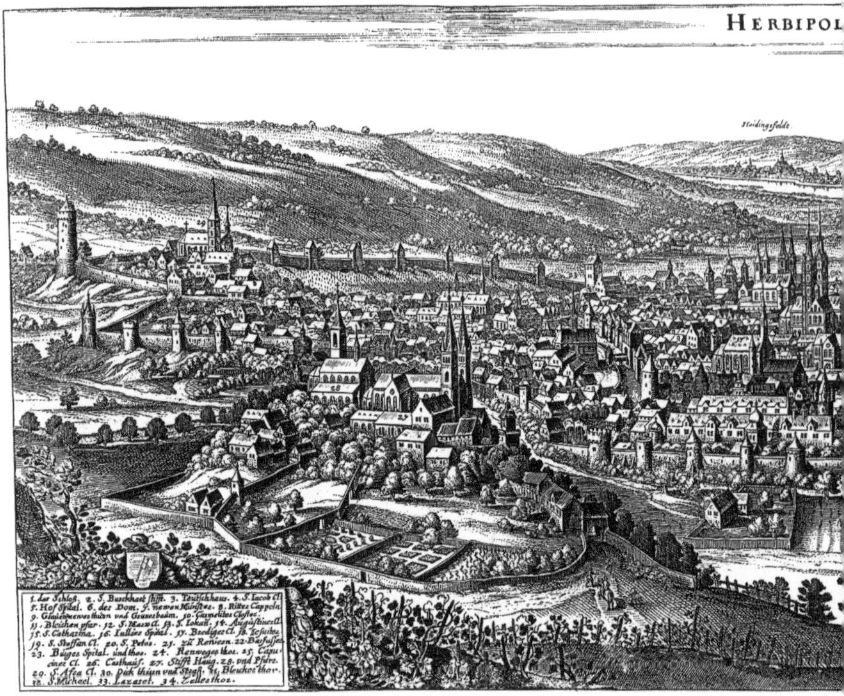

Herbipolis – Würzburg mit der Marienburg rechts auf einem Stich des Matthäus Merian von 1650

niedergebrannt waren. So erreichten wir das Nürnberger Land und kamen an dem Ort vorbei, an dem der König von Schweden sein Lager hatte, als der König von Böhmen und Lord Craven bei ihm waren.[71] Im Kampf hatten sich die Streitkräfte des Kaisers in der Nähe eines großen Waldes eingegraben. Der König von Schweden hatte hier drei seiner Soldaten für den Mord an zweien seiner Kommandanten und das Überlaufen zum Feind pfählen lassen. Nachdem die Schlacht ausgefochten war, hatte man die Soldaten gefangen genommen und hingerichtet.

Wir zogen weiter in die Nähe Nürnbergs, einer großen, in einer Ebene gelegenen Stadt, die der König von Schweden derzeit vom Kaiser befreit hatte.[72] Keine zwei englischen Meilen entfernt kamen wir erst an einigen ihrer Bastionen vorbei, bevor wir die prächtigen Tore der Stadt passierten, die zu den stärksten in Deutschland gehörten, und uns zur Unterkunft Seiner Exzellenz begaben. Am nächsten Tage kam der Stadtrat, um Seine Exzellenz zu besuchen, und wir blieben elf Tage, bis sich Seine Exzellenz vergewissert hatte, wo sich der Kaiser befand. Den größten Teil unserer Zeit verbrachten wir damit,

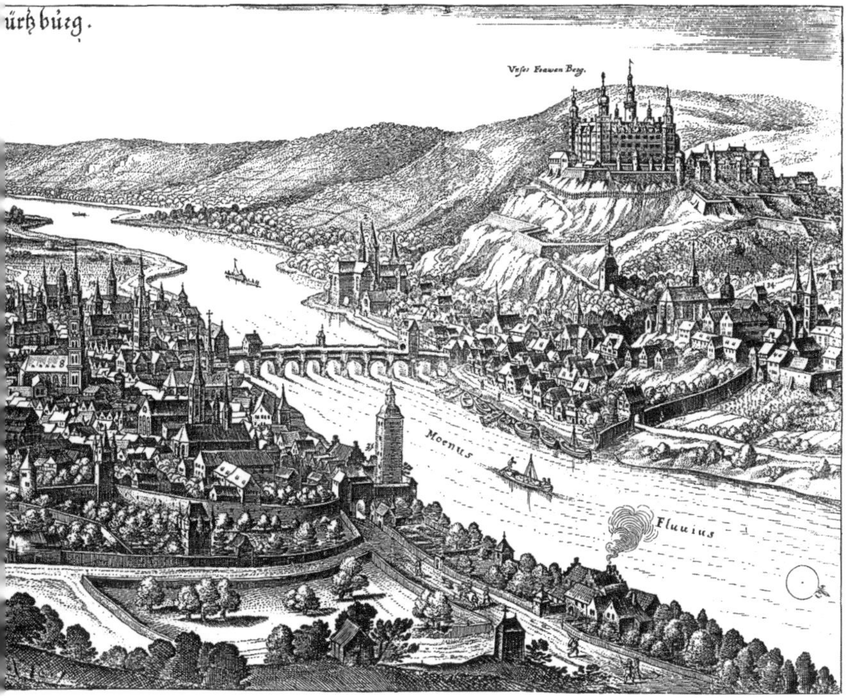

die ungewöhnlichen Dinge der Stadt zu besichtigen, so zum Beispiel ein sehr stattliches Munitionslager, das die Herren Stadträte Seiner Exzellenz zeigten.[73] Bei unserem ersten Besuch überquerten wir zuerst einen großen Platz, an dem sich Werkstätten befanden und auf dem zu unserer Linken vier große Kanonen standen, die sechs Schritt lang und zwei Fuß breit waren. Dann kamen wir in einen länglichen Raum, in dem zu beiden Seiten Rüstungen für Fußsoldaten und Pferde hingen, und schließlich in den Hauptteil des Gebäudes, das aus sechs Teilräumen bestand, von denen jeder 28 Schritt lang und sechs Schritt breit war. Jeder dieser Räume war voll von bronzenen und anderen ausgeklügelten Geschützen. Von hier aus besuchten wir ein außergewöhnliches Wasserwerk, das die gesamte Stadt versorgte.[74] An der Stadtmauer entlang liefen wir in Richtung unserer Unterkunft zurück, betraten aber noch die große Kirche, die hier „Dom" genannt wird. Dort wurde Seiner Exzellenz ein prächtiges Kunstwerk von der „Verkündigung der Jungfrau Maria" gezeigt.[75] Es hing mitten im Chor und war in den letzten 18 Jahren niemandem gezeigt worden. Schließlich kehrten wir dann aber in unsere Unterkunft zurück. Die

Ansicht von Nürnberg aus der Topographia Franconiae des Matthäus Merian

Herren begleiteten uns und speisten mit Seiner Exzellenz. Am nächsten Tag speisten sie auch mit ihm, und nach dem Mahl wünschte Seine Exzellenz, an der frischen Luft in den Gärten außerhalb der Stadt spazieren zu gehen, was er dann auch tat.

Außerhalb der Mauern ist die Stadt umgeben von Schutzwehren, gewaltigen Gräben und tiefen Wassergräben. Innerhalb der Mauern gab es viele interessante Plätze und prächtige Gebäude zu sehen. Die Stadträte regieren abwechselnd, ohne die Herrschaft eines einzelnen Fürsten anzuerkennen. Sie unterhielten jedoch mit allen Beziehungen, um in diesen Zeiten der großen Kriege manchmal dem Kaiser und dann schließlich wieder dem König von Schweden die Treue zu halten, hohe Steuern zu bezahlen und Kredite zu gewähren, die nicht zurückgezahlt wurden.

Am Sonntag, dem 22. Mai, reisten wir nach Regensburg ab und planten, dort den Kaiser zu treffen. Zuerst kamen wir durch einen Teil der Oberpfalz nach Neumarkt, wo wir lagerten. Die Stadt lag in einer Ebene und der König von Böhmen hatte hier ein Schloss, das Seine Exzellenz besichtigte. Dieses lag an der Stadtmauer und war mit Schutzwehren und Palisaden befestigt worden, war sehr geräumig und hatte eine ansehnliche Waffenkammer.[76]

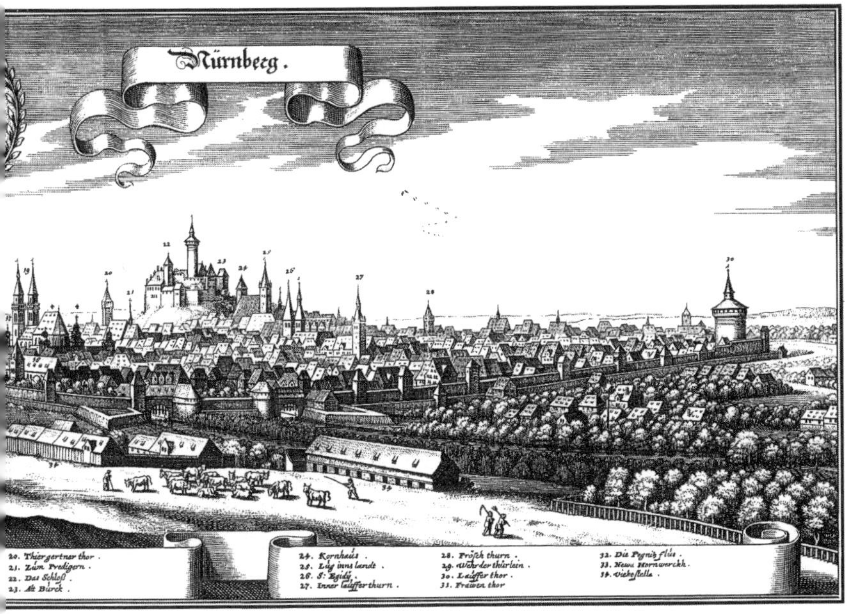

Früh am nächsten Morgen reisten wir ab, kamen an niedergebrannten Kirchen vorbei und durchquerten gefährliche Wälder, von denen wir wussten, dass Kroaten dort lagerten. Schließlich kamen wir in ein armes, kleines Dorf namens Hemau, wo wir blieben und speisten.[77] Das Dorf war innerhalb von zwei Jahren 28 Mal ausgeplündert worden, an einem Tag gar zwei Mal, und es gab, außer aufgefangenem Regenwasser, kein Trinkwasser. Nach dem Essen reisten wir nach Etterzhausen,[78] einem armen Dorf, in dem wir mit Booten einen kleinen Fluss überquerten, da die Brücke von den schwedischen Streitkräften niedergebrannt worden war. Von hier stiegen wir einen hohen Hügel auf und reisten, als wir wieder hinuntergestiegen waren, an einem hohen Ufer entlang, die Donau auf unserer rechten Seite und hohe Weinberge auf unserer linken Seite. Dabei kamen wir durch verschiedene zerstörte oder niedergebrannte Dörfer, bis wir an eine Bastion kamen, die einer bewachten Brücke vorgelagert war. Wir überquerten die Brücke und schritten unter einem Turm hindurch, der mitten in der Donau stand, deren Strömung hier so schnell war wie die an der London Bridge. Die Donau teilt sich hier zwischen verschiedenen Inseln, auf denen einmal Häuser gestanden hatten, die zwischenzeitlich niedergebrannt worden waren. Auch auf den Brückenbögen standen einmal Häuser, die man zerstört hatte. So kamen wir in Regensburg an der Unterkunft Seiner Ex-

Der ungarische König und ab 1637 deutsche Kaiser Ferdinand III. auf einem Kupferstich von Jean Meyssens von 1640

zellenz an. Die Stadt war zuvor von den schwedischen Streitkräften eingenommen worden, doch der König von Ungarn hatte sie inzwischen zurückerobert.[79]

Am 25. Mai bemerkte Seine Exzellenz während eines Spaziergangs auf der anderen Seite der Stadt die Ruinen vieler Häuser und Kirchen sowie eines Karthäuserklosters, das ungefähr zwei Meilen außerhalb der Stadt lag und

Die Belagerung von Regensburg 1634 durch die Schweden. Im Vordergrund die Karthause. Kupferstich von Matthäus Merian d. Ä. von 1637

das nicht so schlimm zerstört worden war wie der Rest der Stadt. Seine Exzellenz betrat das Kloster, um die Räume zu sehen, in denen der König von Ungarn sich während der ganzen Zeit, als er die Stadt zurückeroberte, aufgehalten hatte.[80] Hier hatte auch der alte Herzog von Bayern, der Vater des jetzigen Herzogs, jahrelang in einer Zelle gelebt.[81]

Am 28. Mai ging Seine Exzellenz wieder spazieren und betrat ein Jesuitenkloster,[82] in dem ein Altar stand, der dem Heiligen Georg gewidmet war. Hier blieb Seine Exzellenz für eine Woche und reiste dann weiter nach Linz, wo sich der Kaiser aufhielt. Wir fuhren mit vier Booten donauaufwärts durch Bayern und kamen schließlich an einem Schloss namens Donaustauf[83] vorbei, welches auf einem hohen Berg lag und an dessen Fuß sich ein Dorf befand, das am linken Ufer der Donau lag.

Dann kamen wir an dem auf derselben Seite gelegenen Schloss Wörth[84] vorbei und reisten weiter nach Straubing,[85] wo wir etwa um elf Uhr nachts landeten und über Nacht blieben. Am nächsten Morgen reisten wir weiter, noch immer an vielen Ruinen vorbei. Wir kamen nach Bogen am rechten Ufer der Donau, einem Dorf, das am Fuße eines Berges lag, auf dessen Gipfel eine Kirche und ein paar Häuser standen,[86] danach an Schloss Natternberg, das auf einem Berg auf der rechten Seite des Flusses lag, vorbei nach Deggendorf[87] auf der anderen Seite, wo gerade 30 Pferde an einem Seil sechs große Boote schleppten, die Richtung Regensburg fuhren.

Ansicht von Donaustauff mit Arundels Boot von Wenzel Hollar

Danach kamen wir an einem Schloss namens Taurino vorbei, das auf einem hohen Berg gelegen war, an dessen Fuß sich, auf der linken Seite, eine von einer Mauer umrundete Stadt namens Oberwinzer befand.[88]

Daraufhin kamen wir nach Vilshofen, einer Stadt zur Rechten der Donau, in der wir an Land gingen und über Nacht blieben. Am nächsten Morgen, als Seine Exzellenz ins Boot stieg, sah er einen armen Jungen unter einigen anderen Leuten stehen, der um Almosen bettelte, sehr eigenartig aussah und weder sprechen noch hören konnte. Er hatte etwas an seinem Mund und seiner Nase, hatte weder Ohren noch irgendeine Art Öffnung, durch die er hören könnte, sein Gesicht war sehr dünn und spitz zulaufend, doch wann immer jemand grüßte, hörte er dies und antwortete mit einem Geräusch. Bei ihm war auch seine Schwester, ein hübsches Mädchen, die, wenn jemand zu dem Jungen sprach, ihm die Worte mithilfe einer Zeichensprache verständlich machte. Seine Exzellenz nahm diese beiden im Boot mit zu einer Stadt namens Passau, die auf der rechten Seite der Donau liegt. Dort legten wir an, und er befahl, den beiden neue Kleider machen zu lassen und ihnen Geld zu geben. Dann schickte er sie nach Hause zu ihren Freunden. Kurz bevor wir in Passau ankamen, passierten wir die Grenze Bayerns. Die Stadt war reizend gelegen, von drei Flüssen umgeben: Die Donau, die von grüner Farbe war, umgab die Stadt auf der einen Seite, ein schnell strömender Fluss namens Inn auf der anderen Seite, der aus Italien kam und von weißer Farbe war, sowie als drittes die Ilz, die sehr schwarz war und aus Böhmen kam. Die beiden letzteren Flüsse flossen beide unterhalb der Stadt in die Donau. Am nächsten Tag ging Seine Exzellenz das Kapuzinerkloster besichtigen,

Ansicht Passaus mit der Veste Oberhaus von Wenzel Hollar

das sehr schön auf einem hohen Hügel nahe der Stadt gelegen war. Zuerst überquerten wir eine Brücke, die aus kleinen Flößen errichtet war und über den Fluss Inn führte. So kamen wir in die Innstadt und stiegen den Hügel zum Kloster hinauf. Wir betraten die Kapelle, die „Mariahilf" genannt wurde und im Jahre 1636 errichtet worden war.[89] Hier befand sich ein hübscher Altar, in dem ein Bild der Jungfrau Maria sowie viele erlesene Reliquien eingelassen waren. Die hatten jene dort zurückgelassen, von denen es heißt, dass sie von verschiedensten Krankheiten geheilt worden seien, nachdem sie dort ihr Gebet verrichtet hatten. Von dort aus gingen wir zu einer weiteren Kapelle am Fuße des Hügels und stiegen dazu 274 Stufen, die in regelmäßigen Abständen angeordnet waren und deren Absätze zwischen den Stufen genauso breit waren wie die Stufen selbst, hinab. Auf halbem Wege hinunter befand sich ein Kreuz, an dem täglich jemand saß, um die Almosen wohltätiger Menschen zu erhalten. An diesem Kreuz war einmal eine respektlose Person vorbeigekommen und hatte gegen das Kreuz geschlagen. Daraufhin war diese tot umgefallen und nie wieder zu neuem Leben erwacht, wie uns die Kapuzinermönche berichteten.[90]

Gegenüber der Stadt, auf der anderen Seite der Donau, befindet sich auf einem hohen Felsen ein wehrhaftes Schloss namens Feste Oberhaus, welches uneinnehmbar ist und von wo aus alle Städte und Klöster in der Umgebung beherrscht werden. Am Fuße dieses Felsens, wo die Ilz in die Donau fließt, befindet sich ein weiteres stark befestigtes Fort.[91] Die in unmittelbarer Nähe gelegene Stadt Ilz wird von Leopold beherrscht, dem Zweitgeborenen des Kaisers, welcher auch Bischof der Stadt ist.[92] Hier blieben wir drei Tage und reisten am 4. Juni nach Oberösterreich ab.

Dort kamen wir an Schloss Schaunberg,[93] auf der linken Seite des Flusses gelegen, an Eferding auf der anderen Seite und am Stift Wilhering auf der selben Seite vorbei, bis wir Linz erreichten, wo sich der Kaiser aufhielt. Dieser sandte Seiner Exzellenz den Hofmarschall, Graf von Harrach,[94] mit einigen anderen Höflingen entgegen, um ihn bei seiner Ankunft willkommen zu heißen. Zur Begrüßung Seiner Exzellenz kamen zehn oder zwölf Kutschen, die Seine Exzellenz zu dessen Unterkunft brachten. Diese hatte ihm der Kaiser zur Verfügung gestellt.[95] Bald danach kehrten sie zurück und kaum später traf Graf Meggau,[96] der Obersthofmeister des Kaisers, ein, um Seine Exzellenz zu besuchen. Am nächsten Tag besuchten Graf Mansfeld,[97] kaiserlicher Kommandeur der Garde zu Fuß, und danach Pater Lamormaini,[98] Beichtvater Seiner Majestät, Seine Exzellenz.

Am 6. Juni, also dem zweiten Tag nach unserer Ankunft, hatte Seine Exzellenz eine Audienz beim Kaiser und der Kaiserin,[99] die uns ihre Kutschen sandten. Unterwegs zu seinem Palast, der auf einem Hügel gelegen ist, stiegen wir vier Treppen hinauf. Während wir die Räume durchquerten, flankierten uns Wachen mit Hellebarden und Karabinern in den Händen. Dann kamen wir an die Tür der Kammer, in der sich der Kaiser befand. Als Seine Exzellenz die Tür erreichte, kam der schmächtige Graf Khiesel, Oberstkämmerer Seiner Majestät, heraus und bat Seine Exzellenz in den Raum.[100] Dann zog er sich zurück und schloss die Tür hinter sich, damit niemand sonst eintreten würde. Nach einiger Zeit wurde es uns allen gestattet, die Kammer zu betreten. Wir küssten die Hand Seiner Majestät und zogen uns zurück, gingen durch andere Räume und Galerien, wo die Wachen alle auf gleiche Weise strammstanden. Wir erreichten auch die Gemächer der Kaiserin, die nicht betreten werden durften, doch bevor wir zurückgingen, konnten wir einen kurzen Blick auf sie erhaschen. Am 8. Juni gewährte der Kaiser Seiner Exzellenz eine zweite Audienz. Am 10. Juni hatte er eine weitere Audienz bei der Kaiserin und es wurde uns gestattet, ihre Hand zu küssen.

Am selben Tag wurden sieben Männer wegen Rebellion geköpft, die zusammen mit vierhundert Mann die Waffen gegen den Kaiser erhoben hatten. Der Aufrührer, der hingerichtet wurde, war überzeugt davon, dass ihn keine Kugel verletzen konnte. Er soll es auch gewesen sein, der die anderen zu ihren Taten verführt hatte. Als er auf dem Schafott stand und sein Gesicht bedeckt wurde, hielten ihn zwei Männer auf dem Richtblock fest. Dann kam der Henker mit zwei rotglühenden Kneifzangen und kniff ihm mit diesen in die Brust. Danach wurde seine rechte Hand an den Block genagelt und abgehackt. Dann zog der Henker bald sein Schwert und schlug ihm den Kopf ab. Einer der Henker nahm diesen dann auf und schrie ihm „Jesus, Jesus!" in die Ohren. Ein vorbeikommender Jesuit ermahnte ihn und forderte alle auf, mit ihm zusammen für den Hingerichteten zu beten. Dann

Die Hinrichtung des Martin Aichinger und weiterer sechs Anführer auf dem Linzer Hauptplatz am 20. Juni 1636. Zeichnung von Wenzel Hollar

wurde der Nächste hingerichtet, dann ein Junge, der ebenfalls geköpft wurde. Alle verrichteten am Fuße des Schafotts ihre private Beichte bei Priestern, die ein Kruzifix in der Hand hielten, und küssten ihnen nach jedem Gebet die Hände und Füße. Nachdem sie alle enthauptet und auch gevierteilt waren, wurden zwei ihrer Verbündeten an einen Ort geführt, der etwa eine Meile entfernt lag. Dort hatte man einen Priester gepfählt und seinen Kopf auf die Spitze des Pfahls gesetzt. Man hatte ihn vor einem Jahr in der Kirche zu Ering, an der wir später noch vorbeikommen sollten, ergriffen.[101]

Am 12. Juni, einem Sonntag, speisten der Kaiser, die Kaiserin und die Erzherzogin im Jesuitenkolleg. Davor besuchten sie eine Messe in ihrer Kirche und nach dem Essen wurde für sie von einigen Novizen des Hauses ein abwechslungsreiches Schauspiel aufgeführt. Am 15. Juni speiste Seine Exzellenz mit dem Grafen Meggau und wurde dabei prächtig unterhalten.[102] Am 16. Juni entlud sich ein mächtiges Gewitter, das bald einige Häuser niederbrannte, die nicht einmal eine englische Meile entfernt am anderen Ufer des Flusses standen. Solche Unfälle ereignen sich hier häufiger, da ihre Häuser nicht mit Schiefer sondern alle mit Holzschindeln gedeckt sind. Gegen vier Uhr nachmittags hatte Seine Exzellenz eine weitere Audienz und wir waren alle – auf Befehl der Kaiserin – zu einem Ball eingeladen, der bei dem Grafen Slavata[103] stattfinden sollte, der Kanzler von Böhmen ist. Dort würden sich all die Damen versammeln, um ihre Zeit mit Tanzen zu verbringen. In Mähren, das nicht weit von hier gelegen war, gab es einen Baron namens Rabell, der eine Frau hatte, mit der er seit 40 Jahren verheiratet gewesen war und viele Kinder hatte. Als er 82 Jahre und sie 75 Jahre alt waren, wurde sie schwanger und gebar ihm zwei Kinder, einen Sohn und eine Tochter. Diese

Kinder lebten ein Jahr, starben dann und wurden schließlich, bald nach dem Tod beider Eltern, in der Kirche St. Michael beigesetzt, einer Kirche der Dominikaner in Brünn, einer Stadt in Mähren. Diese Geschichte wurde uns von einem Priester der Kaiserin als eine Tatsache berichtet.

Hier in Linz blieb Seine Exzellenz 19 Tage lang unter dem Schutz des Kaisers und wurde von den Bediensteten Seiner Majestät wie der Kaiser selbst bedient, wobei zum ersten Gang die Trommeln geschlagen wurden und zu den weiteren Gängen dann Musik und Gesang erklangen.

Von Linz nach Prag

Am 23. Juni fuhren wir Richtung Wien die reißende Donau hinunter, an St. Georgen vorüber. In der Nähe hatten sich die wilden Bauernhorden versammelt und jenen Priester ergriffen, den sie, wie bereits erwähnt, nach Linz verschleppt und dort hingerichtet hatten. Nicht weit davon, auf der linken Seite des Flusses, befand sich die schöne Burg Spielberg,[104] welche die Mautstelle des Herzogs von Bayern war.

Auf der gleichen Seite befand sich Mauthausen. Dem gegenüber auf der anderen Seite lag Burg Wallsee auf einem hohen Hügel, dahinter die gleichnamige Stadt. Sodann folgte links, auf einem hohen Felsen und nahe der Donau gelegen, eine stattliche Burg namens Grein, an deren Fuß sich eine Stadt befand, und die beide dem Grafen Meggau gehörten.[105] Dann kamen wir durch eine Stelle im Wasser, die man Struden nennt, an der das Wasser sehr schnell mitten zwischen den Felsen hindurchfließt. Diese sind schwer zu passieren, da man kaum mehr Platz als die Breite eines Ebers hat, und wenn man sie berührte, man in viele Stücke zerbersten würde.

Über diesem Ort ist auf einem hohen Felsen ein Kreuz aufgestellt. Nachdem man diese Gefahr hinter sich gelassen hatte, befand sich direkt daneben auf der linken Seite des Flusses eine alte Kapelle namens St. Nikola,[106] aus der zwei Männer kamen mit dem Nikola-Bildnis in einer Truhe, um eine Belohnung für das sichere Passieren der Stelle zu erhalten. Von dort aus fuhren wir vorbei an der ansehnlichen Burg Persenbeug, welche sich auf der gleichen Seite auf einem Berg befand, und an Pöchlarn, danach an Burg Weitenegg, welche sich auf einem Felsen am linken Ufer befand und an deren Fuß ein Dorf lag. Sodann ging es an einer Burg und einem Kloster vorüber, die von einer Mauer umschlossen waren und auf einem sehr hohen Berg namens Melk lagen. Darunter, am Fuße des Berges und am rechten Donauufer, lag

Die Greinburg. Kupferstich von Georg Matthäus Vischer 1674

eine weitere Stadt. Diese brannte durch ein Unglück zum Teil ab, als sich der König von Ungarn darin aufgehalten hatte. Die auf der gleichen Seite auf einem hohen Fels befindliche Burg Schönbühel hat einen prächtigen Saalbau und gehörte dem Grafen Starhemberg.[107] Ein Stückchen weiter auf der gleichen Seite befand sich ein weiterer Saalbau, der Teufelsschloss genannt wurde, weil dort schon viele Geistererscheinungen gesehen worden waren.

Anschließend kamen wir zu einem kleinen armen Dorf namens Aggsbach am linken Ufer der Donau, an dessen Ufer wir anlegten und die Nacht verbrachten.

Früh am Morgen des 24. Tages fuhren wir stromaufwärts[!] an Burg Spitz vorbei, die auf der gleichen Seite wie Aggsbach lag, vorbei an der dem Grafen Van Zelking[108] gehörenden, in der Nähe gelegenen schönen Stadt Dürnstein, welche sich auf einem Berg nahe des Flusses auf der gleichen Seite befand, mit einer zerstörten Burg über der Stadt auf einem Hügel, von Felsen umgeben. Danach kamen wir an einer anderen prächtigen Stadt namens Stein[109] vorbei, von wo aus eine Schiffsbrücke mit 37 Bögen – unter welchen wir durchfuhren – über die Donau führte.

Dahinter, auf der gegenüberliegenden Seite der Stadt, lag ein Kloster[110] mit vielen ansehnlichen Häusern, hinter welchen ein weiteres stattliches Kloster

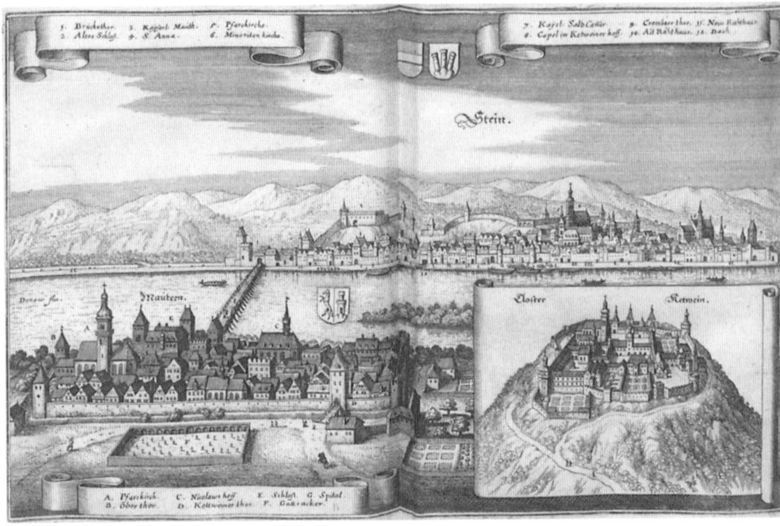

Stein mit Mautern und dem Kloster Kettwein (Gottweig) aus dem zehnten Band der Topographia Germaniae des Matthäus Merian von 1679

namens Göttweig auf einem Hügel gelegen zu sehen war. Von dort fuhren wir eine englische Meile weit, während wir einen herrlichen Ausblick hatten. Dann kamen wir an zwei weiteren schönen Städten namens Krems und Weinzierl vorbei. Diese befanden sich in einer Ebene am linken Ufer der Donau, wo innerhalb einer englischen Meile drei weitere Orte lagen. Dann passierten wir Tulln, die älteste Stadt im ganzen Reich, wo wir eine Zeit lang ankerten, um unser Abendbrot einzunehmen.[111] Nach dem Essen begaben wir uns nach Niederösterreich, vorbei an der alten Burg Greifenstein, die am gleichen Ufer auf einem Berg lag.[112] Dort waren alle Priester, die Widerstand geleistet hatten, eingesperrt worden. Man hatte sie dort gefoltert und ihnen den Prozess gemacht.[113] Eine niederländische Meile weiter, am linken Ufer der Donau, lag in einer Ebene eine prächtige Stadt mit vielen schönen Klöstern namens Korneuburg. Am anderen Ufer des Flusses lag eine weitere Stadt namens Klosterneuburg, mit vielen Stiftern und Klöstern darin. Als wir Nussdorf[114] erreichten, erblickten wir das in einer Ebene liegende Wien. Wir verließen die Donau, die sich hier in verschiedene Arme teilt – die sich jedoch jenseits der Stadt wieder vereinen –, weiter durch Ungarn fließt und schließlich ins Schwarze Meer mündet. Wir fuhren einen Seitenarm hinunter in die Stadt, die am rechten Donauufer lag, und legten dort an. Die Stadtmauern waren sehr gut befestigt. Außerdem verfügte die Stadt über ein vollständiges Regiment von 1500 Soldaten, die ständig unter Waffen standen.

Ein Teil dieses Regiments bewachte stets die Tore, einige aber des Kaisers Palast, und wieder ein anderer Teil den Ort, an dem die Juden ihre Geschäfte hatten. Diese waren gezwungen, an einem Ort, den sie sich am anderen Ufer gegenüber der Stadt errichtet hatten, zu leben, da es ihnen nicht erlaubt war, auch nur eine Nacht in der Stadt zu verbringen. Denn fand man einen von ihnen bei Nacht in der Stadt, wurde dieser furchtbar gefoltert, wenn nicht sogar hingerichtet.[115] Auch lebten in der Stadt 7000 Bürger, die im Ernstfall binnen einer Stunde bewaffnet werden konnten.

Am nächsten Tag, einem Sonntag, hatte Seine Exzellenz eine Audienz bei der Königin von Ungarn und dem Erzherzog Leopold, des Kaisers zweitem Sohn.[116] Das war der 26. Tag, und außer einem geräumigen Hof sahen wir nichts Bemerkenswertes an diesem Tag.

Am nächsten Tag machte sich Seine Exzellenz erneut auf, um des Herzogs Unterkunft zu sehen. Dort aber sahen wir nur ein paar Bilder. Von dort aus ging es zu verschiedenen Häusern der Jesuiten. Das erste war eine Universität, wo eine Art Komödie von jungen Schülern in Kostümen aufgeführt wurde, von denen einer auf einem Instrument wie einem Virginal verschiedene Stücke spielte. Anschließend wurde von den Schauspielern ein Bankett hereingebracht. Als dieses endete, gingen wir weiter zum zweiten, dem Exerzitienhaus.[117] In diesem Haus lebten ausschließlich junge Männer, etwa fünfzig an der Zahl, um geprüft zu werden, ob sie nach den heiligen Regeln leben könnten. Von dort aus gingen wir zum dritten Haus, dem Professhaus. Dort war niemand außer den alten Patres, doch als Seine Exzellenz den Raum betrat, sprach ihn einer der Superioren an. Danach besichtigten wir das Haus und die daneben gelegene Kirche. Dort wurde gerade von ihren besten Sängern ein Kirchenlied vorgetragen. Sie wurden von lieblicher Musik begleitet, denn sie besaßen eine Orgel mit 5000 Pfeifen.[118] Schließlich kehrten wir nach Hause zu unserer Unterkunft zurück, wohin schon bald der Fürst von Dietrichstein kam, um Seine Exzellenz aufzusuchen.[119]

Am 28. Tage ging Seine Exzellenz los, um den eine niederländische Meile entfernten kaiserlichen Garten, das Neugebäude, zu besichtigen.[120] Dort hatten sich einst die Türken verschanzt. Nachdem sie mit ihren 200 000 Mann aus dem Land getrieben worden waren, hatte Kaiser Rudolf dort noch zu Lebzeiten ein Schloss als Denkmal errichten lassen, welches vier Quadrat groß und von einer starken Steinmauer umgeben war. In jeder Ecke stand ein Turm, dazwischen befanden sich jeweils zwei prächtige Türme, wobei jeder von ihnen in drei Stockwerke gegliedert war und die Dächer mit Messingplatten gedeckt und von dicken Steinsäulen gestützt wurden.[121]

Anschließend kehrten wir zu einem anderen prächtigen großen Garten des Kaisers zurück, der Favorita,[122] dem verschiedene kleine Gärten und ein

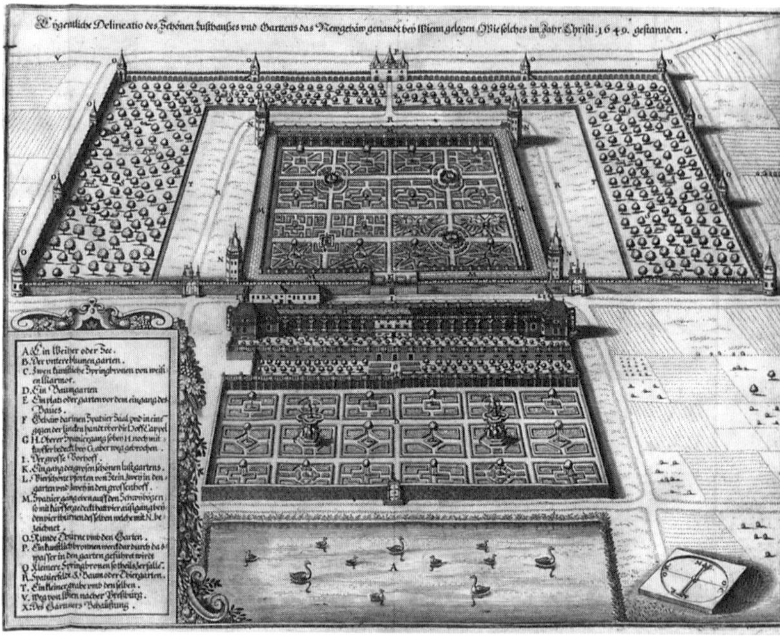

Schloss Neugebäude von Matthäus Merian

schönes Haus zugehörig waren. Am nächsten Tag suchte Seine Exzellenz erneut die Königin, ihren Sohn und ihre Tochter auf.

In Wien verweilten wir insgesamt eine Woche, reisten dann am 1. Juli mit Kutschen in Richtung Prag ab und querten erst drei lange Brücken über die verschiedenen Flusszweige der Donau: An den Mauern der bereits erwähnten Stadt Korneuburg vorüber fuhren wir weiter nach Stetten, einem kleinen armseligen Dorf, in dem wir speisten. Nach dem Essen fuhren wir an Göllersdorf vorüber und an Hollabrunn, einem armseligen Dorf, wo wir die Nacht auf Stroh verbrachten, nachdem wir sieben niederländische Meilen gereist waren. Jede niederländische Meile beträgt vier englische Meilen. Als wir dort ankamen, waren gerade 26 Häuser durch Blitz und Donner niedergebrannt worden. Am nächsten Tag brachen wir von dort früh auf, querten Ebenen und Weizenfelder, deren Korn gerade eingefahren wurde. Wir kamen nach Guntersdorf, wo in einer großen Ebene Mähren beginnt. Dort standen zwei Grenzsteine, die Niederösterreich von Mähren trennten. Wir passierten Kallendorf, die erste Stadt in Mähren, kamen an einem Kreuz vorbei, das von vielen Gräbern umgeben war und in keiner unmittelbaren Nähe zu einem Dorf stand. Die schöne Stadt Znaim[123] passierten wir vor-

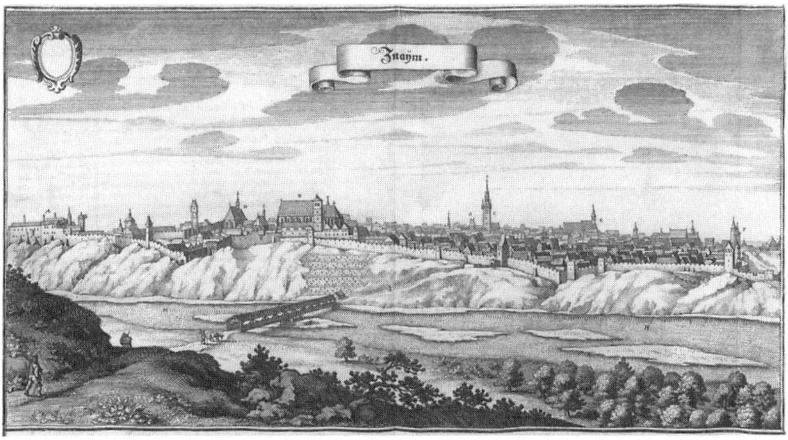

Ansicht von Znaim. Matthäus Merian, Topographia Bohemiae (1650)

mittags unter großer Gefahr, da eine große Kompanie Kroaten dort lagerte und die Stadt in Angst versetzte.

Nachdem seiner Exzellenz Herolde die Tore der Stadt eine Stunde zuvor durchschritten hatten, schlossen alle ihre Läden und rannten heraus, um die Stadt zu verteidigen. Als wir nach dem Essen die Ebenen und Kornfelder, welche gerade abgeerntet wurden, passiert hatten, kamen wir nach Budwitz,[124] einem armen Dorf, wo wir, nachdem wir sieben niederländische Meilen gereist waren, auf dem Fußboden lagerten.

Am nächsten Tag, am Sonntag, dem 3. Juli, blieben wir dort bis zum Essen, um dann einen Teil des Waldes namens Herrlitz-Wald auf einer ungefähr zwei englische Meilen langen Strecke zu queren. Wie glaubwürdige Quellen berichten, hat der Wald eine Länge von 300 Meilen. Auf der Durchreise sahen wir verschiedene Feuer und viele seltsame Dinge. Wir kamen nach Pirnitz,[125] einer kleinen Stadt am Rande des Waldes, nach Iglau,[126] einer wundervoll errichteten, auf einem Hügel liegenden Stadt, in der wir, nachdem wir 4½ niederländische Meilen gereist waren, die Nacht verbrachten. Früh am nächsten Morgen überquerten wir einen am Stadtrand gelegenen Fluss, der Mähren und Böhmen trennt. Später kamen wir durch die erste Stadt in Böhmen, Stecken,[127] später durch Heilig Kreuz,[128] ein Dorf, in dem ein Wirt zu unterschiedlichen Gelegenheiten neunzig seiner Gäste getötet und zu Fleisch verarbeitet haben soll. Vorbei an der Stadt Deutschbrod,[129] in der wir speisten und anschließend durch ein bewaldetes, ebenes Land nach Habern[130] reisten, wo wir eine sehr beängstigende Nacht mit Donner und Blitzen verbrachten, nachdem wir sieben niederländische Meilen gereist waren.

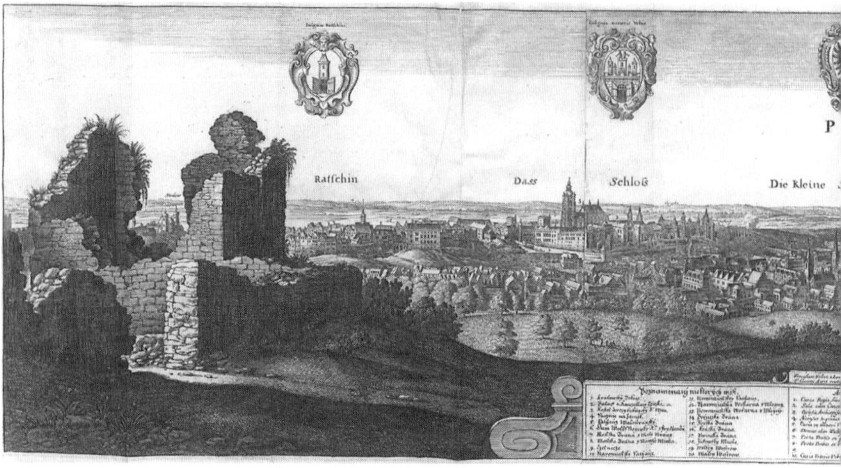

Ansicht Prags nach Wenzel Hollar

Am nächsten Morgen reisten wir ab, fuhren abermals durch bewaldetes Land und durch eine Stadt namens Tschaslau, wo an einer Straße, die wir passierten, der Leichnam eines gewissen Jan Žižka begraben liegt.[131] Er hatte, gestärkt von seinem teuren Freund Jan Hus,[132] der als Märtyrer sterben sollte, Krieg gegen Kaiser Rudolf geführt. Dieser Jan Žižka war aus all seinen Schlachten als Sieger hervorgegangen – selbst als man ihn geblendet hatte, befahl er noch, dass man ihn zur Schlacht trage. Vor seinem Tod hatte er angeordnet, dass aus seiner Haut eine Trommel gemacht werden möge, was auch geschah. Ganz gleich wo die Trommel erklang, taten die Soldaten es wie Jan Žižka und unterwarfen die Gegner.

Dann gelangten wir zu einer Silbermine des Königs von Ungarn, welche am Wegesrand auf einem kleinen Hügel lag. Wir betraten diese, um die Arbeit der Bergleute anzusehen. Die Mine ist 250 Faden tief. Hinter diesem Ort befindet sich eine Stadt namens Kuttenberg,[133] die wir zwei englische Meilen zu unserer Linken hinter uns ließen. Von dort aus ging es weitere zwei englische Meilen nach Kolin,[134] wo wir speisten. Durch einen Teil dieser Stadt fließt die Elbe. Nach dem Essen querten wir eine Ebene Richtung Böhmisch Brod,[135] einer ehemals prächtigen Stadt mit schöner Lage, die nun jedoch, während der Kaiser dort war, fast vollständig von einem Zimmermann niedergebrannt und mittlerweile zweimal von den Schweden und den Truppen des Herzogs von Bayern geplündert worden war. Dort nächtigten wir erneut, nachdem wir acht niederländische Meilen gereist waren. Am Morgen des 6. Juli zogen wir früh von dort aus nach Prag und aßen dort zu Mittag. Bevor

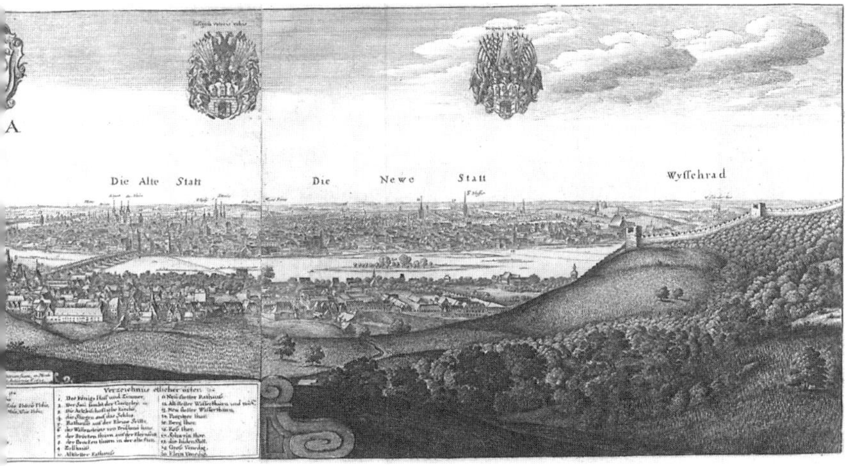

wir die Stadt erblickten, waren wir fünf niederländische Meilen durch schöne Ebenen und Auen gereist.

Die Stadt ist von Hügeln und Felsen umgeben, alle mit Weinreben bepflanzt. Zu Prag gehören drei Städte, Neustadt, Altstadt und die Kleinseite. Die Neustadt betraten wir durch ein prächtiges Tor und gingen dann in die Altstadt zu der Unterkunft Seiner Exzellenz.[136] Dort wurde uns gesagt, dass die Stadt hauptsächlich von Juden bewohnt wird, die dort vier Synagogen hätten. In einer sah ich einen Rabbi ein Kind beschneiden. Uns wurde berichtet, dass durch den zuvor erwähnten Sturm und Hagelkörner, so dick wie Fäuste, alle Früchte wie Getreide und Weinreben in den vorderen Landesteilen verdorben worden seien. Bei diesem Sturm gingen auch einige Kälber verloren. Zwischen dieser und der Kleinseite fließt ein schöner Fluss namens Moldau. Darüber führt eine stattliche steinerne Brücke[137] – in ihrer Länge der London Bridge gleich –, die Seine Exzellenz auf seinem Weg zum Hradschin, einer stattlichen, auf einem hohen Hügel liegenden Festung,[138] in der der König lebte, überquerte. Zuerst passierten wir drei ansehnliche Vorhöfe. In einem der Tore stand ein Trupp Soldaten, im Hof dahinter aus Bronze gearbeitet der Heilige Georg auf einem Pferderücken auf einem Brunnen. Wir betraten eine geräumige Halle, in der sich viele schöne Läden wie zu Westminster befinden, ihr Gerichtshof aber ist in anderen benachbarten Räumen.[139] Von dort ging es weiter durch prächtig ausgestattete Räume, deren Wände mit Bildern behangen waren, und einen Raum, der mit Portraits englischer Adeliger ausgestattet war, die zurückzulassen man den König von Böhmen gezwungen hatte.

Wir schritten weiter, bis wir in einen Raum kamen, der zwei Etagen höher lag. Das war ihr Ratssaal, in dem die Böhmen ihre Ratssitzungen abgehalten hatten, und drei kaiserliche Räte mit ihnen. Als der Aufstand ausbrach, warfen sie diese drei Räte hinaus in den Hof, aus einer Höhe von 55 Fuß. Mit Pistolen wurde ihnen hinterher geschossen, doch keiner von ihnen wurde verletzt – zwei von ihnen leben heute noch. Jetzt stehen an der Stelle, an der sie aufschlugen, drei vergoldete Kreuze.[140]

Anschließend gingen wir hinunter in einen geräumigen, niedrigen Raum, der von mächtigen Pfeilern getragen wurde, an denen Statuen aus Bronze standen. An den Wänden hingen Bilder von indischen Pferden, die dort einmal gestanden hatten. Daneben befand sich ein großer Speisesaal mit einem mit Mosaiken verzierten Tisch und Musik aus einer Spieluhr. Am Ende des Raumes befand sich eine Prunkrüstung, und ein Geschütz, das ich gesehen habe, schoss ohne Schießpulver eine Kugel ab. Danach kamen wir in die Schatzkammer, wo sich der Staatsschatz und eine überaus stattliche Sammlung des Kaisers Rudolf befanden.[141]

Im ersten Raum standen zu unserer Rechten Schränke: Im ersten waren Korallen, im zweiten Porzellan, im dritten Perlmutt, im vierten seltsame gravierte Messingtafeln, im fünften und sechsten mathematische Messinstrumente, im siebten Wappen, Wasserkrüge und Schalen aus Bernstein, im achten Schalen aus Muschelfossilien, Gold und Kristall, im neunten Steine, im zehnten Werke aus Mosaik, im elften Becher aus Elfenbein und ein großartiges Horn eines Einhorns von etwa einem Yard Länge,[142] im zwölften ein Prägedruck, im dreizehnten Bilder aus Messing, im vierzehnten antike Dinge in Silber eingefasst, im fünfzehnten böhmische Diamanten und kleine Truhen mit böhmischen Perlen, im sechzehnten Instrumente der Astronomie, im siebzehnten und achtzehnten indische Arbeiten, im neunzehnten Werke aus der Türkei und im zwanzigsten eine lebendig wirkende Statue einer Frau, bedeckt mit Taft. In der Mitte des Raumes standen seltene Uhren aller Art. Die erste, die wie ein Globus geformt war, war eine Spieluhr, eine zweite war eingerahmt von kleinen Säulen, innerhalb derer in einem Gestell eine kleine Metallkugel umlief, von der zwei Kordeln hingen, die, wenn man an ihnen zog, süße Musik erzeugten, von der wir allerdings nicht ausmachen konnten, woher sie wirklich kam. Die dritte hatte ein lebendiges Gesicht und eine ausgestreckte Hand. Aus ihr erklang Musik von menschlichen Stimmen gesungen, deren Ursprung man nicht erkennen konnte. Die vierte, neben einem prächtigen Mosaiktisch, war eine Geheimuhr. Die fünfte, Musik spielend, bestand aus vier Aufwärtswindungen, gestützt von verschiedenen Säulen, um die herum sich eine Kugel im Kreis nach oben bewegte. Eine sechste war wiederum wie ein

Globus geformt. Ihre Frontseite war mit Gold ausgeschlagen. Dieses Gold war grün eingefärbt, um den Eindruck eines Feldes zu erwecken, wobei ein Hirsch hin- und herlief, verfolgt von Jagdhunden mit hängenden Zungen. Die siebte war eine Uhr wie eine Kugel. Auf der anderen Seite an der Wand hingen antike Dinge und Bilder mit einem seltsam bearbeiteten Stuhl aus Stahl. Anschließend gingen wir in ein weiteres kleines Kabinett, in welchem sich an der Wandseite weitere Vitrinen befanden mit Geschenken an den Kaiser wie vergoldete Helme, Kopfbedeckungen und Statuen, die auf der gleichen Seite der Wand standen.

Im dritten Raum fanden sich vier weitere Wandschränke voll mit seltenen Bildern, und in der Mitte des Raumes antike Stücke wie ein grob behauener Eber oder eine Statue einer robusten Dienstmagd, die in den Krieg zog, oder eine alte Buchdruckpresse. Im vierten Raum waren drei Schränke, in denen sich seltene anatomische Nachbildungen befanden wie die eines Nymphensittichs und Teile von Fischen, die Männern ähneln. Der vierte Schrank war mit seltenen großartigen Muscheln gefüllt, im fünften feines Geschirr, im sechsten alle Arten kleiner Muscheln und eine Bibliothek mit dem mächtigen, bedeutenden Buch in Folio-Format,[143] im Gefängnis von einem Ordensbruder verfasst, der dort aufgrund eines abscheulichen Verbrechens gesessen hatte, um seine Strafe zu verbüßen. Vierzig Jahre später hatten Mönche Lärm gehört, und nach einigem Suchen fanden sie ihren Bruder: Er zeigte ihnen dieses Buch, das neben dem Alten und dem Neuen Testament viele seltsame Geschichten enthielt, die er, wie er sich einbildete, mit der Hilfe des Teufels vollendet habe. Danach hatte er bis zu seinem Tod kaum noch gesprochen.

Dort hingen auch die Häute der indischen Pferde, deren Bilder wir im Ausstellungsraum gesehen hatten: Dann betraten wir eine große Kirche, ungefähr in der Mitte der Burg gelegen, in deren Chorgestühl viele großartige Dinge in Holz geschnitzt waren.[144] Dort befand sich auch die Gruft des Beichtvaters der Königin, des Johannes Nepomuk. Dieser war, damit er die Beichte ihrer Majestät offenbaren möge, durch Wenzel, den vierten König von Böhmen, grausam gefoltert und schließlich um 1383 hingerichtet worden.[145]

Von dort aus ging Seine Exzellenz, um einen Garten hinter der Burg zu besichtigen, der aber noch innerhalb der Mauern lag. Wir liefen eine halbe englische Meile auf einem von Lauben gesäumten Weg, bis wir ein stattliches, altes, von Arkaden umgebenes Gebäude erreichten. Dieses wurde von zahlreichen Säulen getragen, mit entsprechenden Balkonen darüber, von welchen aus man eine entzückende Aussicht über die ganze Stadt hatte.[146]

Dann kehrte Seine Exzellenz zum Haus des Kustos[147] zurück und speiste dort – den Proviant hatte er bereits zuvor geschickt. Als das Mahl beendet war, brach er auf, um zwei englische Meilen vor der Stadt einen weiteren

Park zu besichtigen: Dort gibt es ein Kloster der Prämonstratenser.[148] Die Mönche liefen gerade im Park umher, als wir dort eintrafen, um eine große Bestie zu sehen, die dort gehalten und von ihnen als Büffel bezeichnet wird.

Schließlich kehrten wir in die Stadt zu Wallensteins neuem Palais zurück, welches Seine Exzellenz betrat, um es zu besichtigen.[149] Zuerst gelangten wir in eine große Halle von 38 oder mehr Schritt in der Länge und 21 in der Breite.[150] Wir gingen durch Galerien mit Bildern und Fresken, Geschichten über Herkules darstellend, und an den Decken sahen wir verschiedene Geschichten des Ovid.[151] Dann gelangten wir zum Audienzsaal, wo die vier Elemente[152] in der Mitte über unseren Häuptern dargestellt waren, und durch andere schöne Kammern; dann hinunter in den Garten, wo es fünf Brunnen gibt mit großartigen Figuren aus Bronze. Auf dem großen Brunnen steht Neptun, von vier Nymphen umgeben. Auch gibt es dort eine schöne Grotte, deren Brunnen allerdings nicht fließen.[153] Dann sahen wir einen ungewöhnlichen Stall, in dem 26 Pferde stehen können, die Futtertröge und Säulen, 38 an der Zahl, alle aus rotem Marmor, wobei jede Säule angeblich 25 Pfund gekostet haben soll! Vier Höfe umgeben die Anlage, die nun dem König von Ungarn gehört.

Dieser Wallenstein war alleiniger Oberbefehlshaber des Reiches unter dem Kaiser gewesen, und war so mächtig geworden, dass Seine Majestät eifersüchtig auf ihn wurde – zumal dieser gerade Verschwörungen gegen die Krone plante. Um aber das Schlimmste zu verhindern, traf der Kaiser geheime Absprachen mit einigen irischen Hauptmännern, die dazu bestimmt waren, Wallenstein nachts im Auge zu behalten und ihn abzustechen.[154] So war es auch an jenem Abend geschehen: Als sie plötzlich in seine Kammer drangen, fanden sie ihn lediglich im Nachthemd vor und riefen: „Es lebe Ferdinand, aber Wallenstein, der Verräter, sterbe!“ Daraufhin öffnete er seine Arme und schrie, die Stiche der Hellebarden empfangend: „Oh, mein Gott!“ Als dies getan war, schnitten sie seinen Kopf ab und sandten diesen sogleich an den Kaiser, der sie großzügig entlohnte. Sie stehen noch heute hoch in seiner Gunst.

Am nächsten Tag war Seine Exzellenz zu einem Theaterstück am Jesuitenkolleg eingeladen, dessen Leiter ein Ire ist.[155] Dort wurde er fürstlich unterhalten. Nachdem er die Rede eines jungen Schülers gehört hatte, ging er an einem Trupp Soldaten vorüber, die ihm zu Ehren mit ihren Musketen Salut schossen. Dann wurde Seine Exzellenz zu dem Raum geleitet, in welchem die Komödie aufgeführt wurde. Diese war außerordentlich unterhaltsam, nicht nur hinsichtlich des Inhalts, sondern auch aufgrund der dargebotenen Schauspielkunst und der vielen Kostüme, mehr als 50 an der Zahl. Die Hauptrollen spielten junge Schüler, einige von ihnen Söhne von Freiherren.

Nachdem sie geendet hatten, wünschten sie kniend die Hand seiner Exzellenz zu küssen, als Dank für sein Wohlwollen. Auf der folgenden Seite nun die Handlung des Schauspiels: Die Göttin Pax weilt in England und ist, nachdem sie für eine lange Zeit verbannt worden war, nun wieder im Begriff, nach Deutschland zurückzukehren:[156]

Ein Maskenspiel

Als der Erhabenste und Hervorragendste, Thomas Howard, Earl of Arundel und Surrey, Sondergesandter Seiner mächtigen Majestät von Großbritannien, den erlauchtesten Kaiser, Ferdinand den Zweiten, und die übrigen Fürsten von Deutschland am Jesuitenkolleg besuchte, dargeboten durch die Schüler in Prag, 1636.

Der Prolog

Merkurs Diener, damit befasst, das Theater vorzubereiten, trifft auf kleine Kinder, die gerne den Botschafter des Königs von England sehen würden: Er sagt ihnen, dass sie ihn nicht im Theater sehen können, es sei denn, sie würden seine Ankunft mit einer Rede preisen. Weil sie jenen aber aufgrund ihres zarten Alters noch nicht auf Latein begrüßen können, halten sie diese in ihrer Muttersprache, einer anderen Sprache.

Der erste Teil

Die erste Szene

Merkur, in angemessener Kleidung, begrüßt Götter und Göttinnen, die mit ihren verschiedenen Bediensteten zum Rat erscheinen, und weist jedem einen Platz zu.

Die zweite Szene

Astraea[157] beklagt sich bei Jupiter und den anderen Göttern über die Verbrechen der Menschheit. Nachdem er ihre Meinungen gehört hat, überträgt Jupiter die Welt zur Bestrafung an Mars und Vulcanus.

Die dritte Szene

Die Göttin Pax, nun einsam und verlassen, macht einen Ort ausfindig, wo sie sich vor der Wut des Mars schützen kann. Neptun trägt sie in einer Meeresmuschel hinüber nach England.

Die vierte Szene

Mars teilt den Erdball in verschiedene Teile und überantwortet diese der Wut von Bellona[158] und ihrer Begleiter.

Der zweite Teil

Die erste Szene

Ceres, Apollo und Bacchus beklagen vor Jupiter das Unheil, welches sie durch Mars erleiden: Jupiter schickt sie zu Neptun.

Die zweite Szene

Neptun erklärt ihnen, dass er die Herrschaft über die Meere Charles, dem König von Großbritannien, anvertraut habe und dass sie diesen ersuchen müssen, der Welt den Frieden wiederzugeben.

Die dritte Szene

Merkur bittet Ceres und Apollo, guten Mutes zu sein und nicht daran zu zweifeln, dass König Charles durch seinen Botschafter Howard, Earl of Arundel, Pax zurückführen wird. Pax bekräftigt, dass sie zu ihren früheren Wohnstätten gebracht werden möchte. Sie alle beglückwünschen einander und bejubeln Howard.

Der Epilog

Indem sie Anspielungen auf das Wappen des Hauses Howard machen, wünschen und kündigen sie dem Botschafter alles Glück an, und nachdem sie ihm Ehrerbietung erwiesen haben, bedanken sie sich, auch im Namen ihrer Mitspieler, bei ihm.

Von Prag nach Regensburg

In Prag verweilten wir sieben Tage und reisten am 13. Juli mit Wagen gen Regensburg über die Ebene, in welcher die große Schlacht zwischen dem Kaiser und dem König von Böhmen geschlagen worden war, keine zwei englische Meilen von der Stadt entfernt.[159] Wir bemerkten viele Grabhügel, in die man die toten Körper gelegt hatte: Dort, wo auf beiden Seiten insgesamt ungefähr 30 000 Mann getötet worden waren, hatte man einen großen Haufen Knochen zu einem Hügel aufgeschichtet. Wir reisten weiter durch einfaches Ackerland zu einer kleinen Stadt, drei niederländische Meilen von Prag entfernt, Beraun[160] genannt, wo wir lagerten. Die Stadt hatten die Streitkräfte des Herzogs von Sachsen niedergebrannt. Früh am nächsten Morgen kamen wir durch ebene Kornfelder und Wiesen, bis wir Mauth[161] erreichten, ein ärmliches Dorf, in dem wir speisten: Von dort gelangten wir durch Wälder und an niedergebrannten Dörfern vorbei in eine hübsche Stadt, genannt Pilsen,[162] wo wir die Nacht verbrachten, nachdem wir sieben niederländische Meilen gereist waren. Sie liegt in einer Ebene mit drei kleinen Flüssen, die dort vorbeifließen: die Mies, Klattau und Pilsen, deren Name sich von der Stadt ableitet.[163]

Am nächsten Morgen ging es durch eine bewaldete Gegend und durch Kornfelder nach Staab[164] zum Essen, nach dem Essen nach Bischofteinitz zu Bett, nachdem wir an diesem Tag allerdings vier niederländische Meilen zurückgelegt hatten. Dort besaß der Graf Trauttmansdorff ein schön gelegenes, kleines Schloss. Der Fluss Eger fließt an einem Teil der Stadt, die bisher noch nicht geplündert worden ist, vorüber.[165] Früh am nächsten Morgen kamen wir von dort über einen sehr felsigen Hügel und durch einen Wald, vier englische Meilen in der Länge, genannt Böhmerwald, in dem es ungefähr in der Mitte eine Schanze gibt, in welcher Graf Mansfeld[166] und sein Heer zwei Monate gelagert hatten. An dieser Schanze beginnt die Oberpfalz.

Dann ging es nach Waldmünchen,[167] einer kleinen Stadt, der ersten in der Oberpfalz, wo wir zum Essen einkehrten. Unser Gastgeber hatte dem Grafen Mansfeld zu jener Zeit als Bannerträger gedient. Nach dem Mahl kamen wir durch eine waldige, arme Gegend nach Rötz, einer kleinen Stadt, wo wir in dieser Nacht lagerten, nachdem wir sechs niederländische Meilen gereist waren.

Am 17. Tag, einem Sonntag, reisten wir früh ab und kamen durch dichte Wälder, in denen uns Gefahr durch dort lagernde Kroaten drohte. Ausgerechnet dort kamen wir durch unseren unkundigen Führer vom Weg ab. Schließlich erreichten wir Bruck, eine Stadt, die elendig ruiniert war, aber in einer

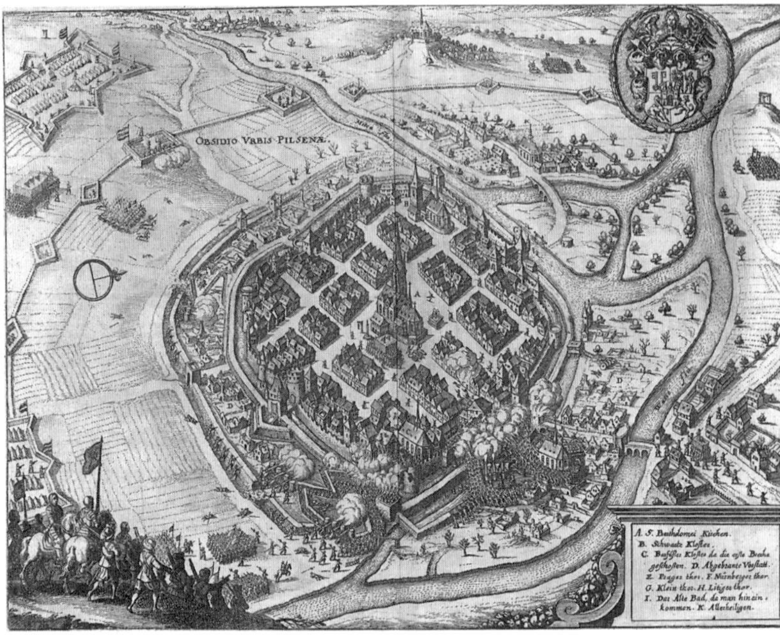

Belagerung Pilsens durch Ernst von Mansfeld 1618. Matthäus Merian, Theatrum Europaeum, Bd. 1

schönen Ebene lag.[168] Dort waren nicht mehr als vier bedürftige Haushalte übrig geblieben. Es war noch nicht lange her, dass hier großer Wohlstand herrschte. Als wir die Stadt gerade hinter uns gelassen hatten, standen am Wegesrand ein Galgen und ein Schafott, auf dem man die lutherischen Bürger der Stadt hingerichtet hatte – und viele von ihnen hingen dort noch immer.

Dann gelangten wir in eine Stadt, genannt Nittenau, zum Essen, und von dort aus nach Regensburg. Wir waren an diesem Tag sieben niederländische Meilen gereist, zuerst durch viele ansprechende Gegenden, weiter über den Fluss Regen (welcher direkt bei der Stadt in die Donau fließt). Dort setzten wir auf einer Brücke, die aus Flößen bestand und die die bei vorhergehenden Angriffen zerstörte Brücke ersetzen sollte, über. Zwischen Wien und diesem Ort gibt es viele schön gebaute Städte, welche vielversprechend sind wegen ihrer zahlreichen Plätze, Märkte und Brunnen. Betritt man allerdings die Häuser, so findet man selten Männer, Unterkunft oder Leute, die verständig genug sind, um sich mit einem zu unterhalten.

Am Tag nach der Ankunft Seiner Exzellenz besuchte ihn der Botschafter des Kurfürsten von Brandenburg.[169] Am Tag darauf suchte ihn Seine Exzellenz erneut auf; hier blieb Seine Exzellenz nur vier Tage, da der Kaiser noch

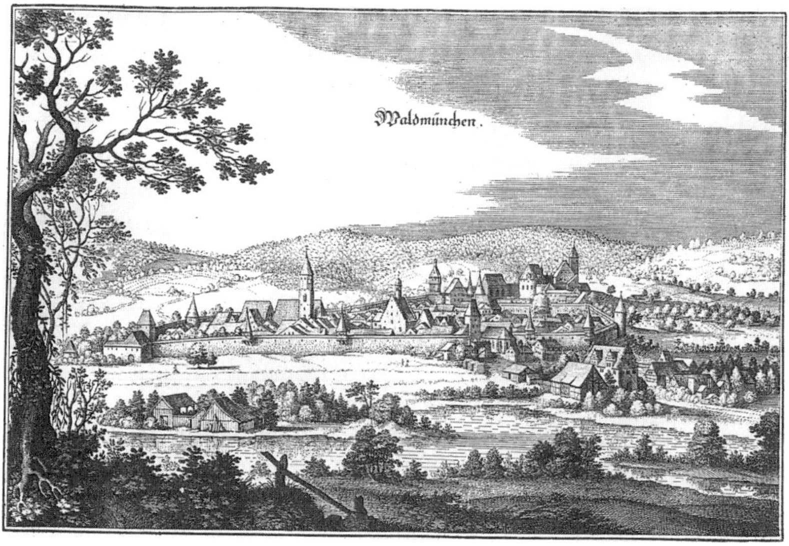

Waldmünch aus der Topographia Bavariae des Matthäus Merian (1644)

nicht eingetroffen war. So brachen wir am Donnerstag, dem 21. Juli, Richtung Augsburg auf und speisten an diesem Tag in Saal, einer kleinen Stadt an der Donau. Dann ging es durch Bayern Richtung Augsburg, einer ausgezeichneten Stadt, die an der Wolga liegt, welche etwas zuvor in die Donau mündet, und noch am gleichen Abend nach Neustadt, einer schönen Stadt zehn Meilen von Regensburg entfernt, wo Seine Exzellenz die Nacht verbrachte.[170]

Am nächsten Tag kamen wir durch eine schöne bewaldete Gegend nach Besançon,[171] wo Lady Abbesse seiner Exzellenz ein Bankett ausrichtete. Von dort ging es nach dem Essen weiter nach Palermo, einer imposanten Stadt. Dort verbrachten wir die Nacht, nachdem wir sieben niederländische Meilen gereist waren. Am Samstag, dem 23. Juli, reisten wir weiter Richtung Augsburg, durch einen Teil Tirols nach Mumantia,[172] das vor ungefähr zwei Jahren durch General Cleandor niedergebrannt worden war, einem Obristen des Königs von Schweden. Von dort gelangten wir nach Dole,[173] welches früher eine sehr schön auf einer Bergkuppe gelegene Stadt gewesen war und von der aus man in drei Meilen Entfernung Augsburg erblickte.[174]

So war auch die Stadt Dole wie Besançon von Oberst Cleandor vor zwei Jahren niedergebrannt worden. Wir kamen durch diese Stadt, stiegen in ein ansehnliches Tal hinab, aber ehe wir hineingelangten, überquerten wir einen kleinen Flussarm des Tanais,[175] der im Westen Augsburg umfließt, wie es der Fluss Vindilicorum[176] im Osten tut. Dann passierten wir dieses Tal, welches das berühmtere ist, da an seinem oberen fruchtbaren Ende die große Schlacht von Pharsalos zwischen Pompeius und Julius Caesar geschlagen worden war.

Als wir uns Augsburg näherten, passierten wir fünf Brücken, welche über den Fluss Vindilicorum führten. Dieser ist in so viele Seitenarme unterteilt wie es dort Bollwerke gibt. Der Fluss ist von ausgezeichneter grüner Farbe, was (wie sie sagen) von den Kupferminen in den Gebirgen Dalmatiens herrührt, wo er entspringt. Seinen Namen hat er von Vindex,[177] einem berühmten Hauptmann, welcher als Erster gegen Nero rebelliert hatte. Als wir diese Brücken überquert hatten, betraten wir die äußere Stadt, welche gut gebaut ist. Dann kamen wir durch ein großes Tor in die Hauptstraße und damit zu der Unterkunft Seiner Exzellenz. Diesen und den nächsten Tag verbrachten wir mit der Betrachtung von Gemälden.

Am Montag, dem 25. Tag, ging Seine Exzellenz los, um das Rathaus zu besichtigen.[178] Man muss es sich als quadratischen Block von mindestens 100 Fuß Seitenlänge vorstellen. An der Straße betritt man es über eine große Treppe mit dreizehn Stufen, hinein in einen stattlichen, niedrigeren Raum,[179] gestützt durch zwölf Säulen aus Chalcedon, gegenüber denen an den Wänden die Büsten der ersten Kaiser stehen, welche, da sie beschriftet waren, [...].[180] Zu Beginn erwähne ich Augustus, den Stadtgründer, von dem Augsburg seinen Namen hat, dann Tiberius, Nero, Sergius, Andronicus, Meleager, Themistocles, Lysimachus, Orion, Enobarbus und Barbarossa.[181] Um in einen anderen Raum darüber zu gelangen, stiegen wir 36 Stufen hinauf. Dieser war wie der andere durch zwölf Säulen aus Jaspis von korinthischer Bauweise gestützt. In diesem Raum sind lebensecht die Bildnisse von Lykurg, Zeno, Aristokrates, Aristides, Agathocles, Phokion, Anaxagoras[182] und das erste Triumvirat Roms dargestellt (was, wie sie sagen, von Apelles und Michelangelo[183] – der eine der Lehrmeister, der andere sein Lehrling – geschaffen worden war). Von dort führen 30 weitere Stufen in das Rathaus selbst hinein, einen höchst merkwürdigen Raum, ohne Säulen, bestückt mit Onyx und Smaragd, zwei vortrefflichen Sorten Marmor, gefunden in Teneriffa, einem Berg Tirols.[184] Die Wände dieses Raumes sind mit den Geschichten sämtlicher Götter bemalt, ausgeführt von Raphael vor ungefähr zwölf Jahren.[185] Diesem Rathaus gegenüber steht ein ansehnlicher Brunnen, in dessen Mitte auf einem Podest aus Bronze die Statue des Augustus, umgeben von all den Göttern und Göttinnen gleichfalls aus Bronze, bis zu 40 an der Zahl, in polnischen Gewändern und mit türkischen Krummsäbeln an ihren Seiten. In der Mitte der Hauptstraße ist ein weiterer Brunnen mit Merkur, und am entfernteren Ende einer mit Herkules in einem Löwenfell, die Hydra mit ihren 70 Köpfen tötend, alles in Bronze. Sobald er ihr einen Kopf abgeschlagen hatte, sollen an dieser Stelle zwei neue

„Vor dem Rotten Thor zu Augspurg“: Radierung von Wenzel Hollar (1665)

gewachsen sein.[186] Zudem gibt es in dieser Stadt viele andere seltene Dinge, wie ein Arsenal,[187] stattliche Klöster, die Fuggerhäuser,[188] zahllose Wasserwerke und bewundernswerte, seltene und eigentümliche Gebäude, und was nicht alles das Auge entzückt. Hier blieb Seine Exzellenz eine Woche.

Als wir hörten, der Kaiser käme nach Regensburg, reisten wir von dort am Sonntag, dem 31. Juli, über einen anderen Weg nach Regensburg zurück, durch die Berge von Tirol nach Neuburg,[189] wo wir lagerten, nachdem wir sieben niederländische Meilen gereist waren. Dies ist eine prächtige Stadt, von welcher der Herzog von Neuburg seinen Namen hat. Sie liegt an einem kleinen Fluss, dem Borysthenes, welcher von einer schwarzen Farbe ist, da er aus den Kohleminen von Epirus[190] entspringt. Am nächsten Tag ging es durch Schwaben nach Ingolstadt, der stärksten Stadt in ganz Moesien, welches ein Teil Bayerns ist. Diese Stadt hielt dem König von Schweden stand und tötete sein Pferd, dessen Haut noch immer als Relikt im Zeughaus aufbewahrt wird, unter ihm.[191] Ingolstadt selbst ist dadurch noch stärker, dass es im Süden durch die Donau und eine weite Ebene, im Norden durch die schnellfließende Rhone, die in die Donau mündet, abgegrenzt wird.

In Regensburg

Am nächsten Tag, dem 3. August, nahm Seine Exzellenz das Boot und legte noch in derselben Nacht in Regensburg an, vorbei an vielen kleinen Orten, die einer Erwähnung nicht wert sind, mit Ausnahme von Kelheim, einer großen

Stadt. Man sagt, sie sei früher Siedlung des Corvinus[192] gewesen. Das Eintreffen des Kaisers in Regensburg lief folgendermaßen ab: Als er durch das erste Tor der Stadt trat, hielten zwölf Stadträte, die dort standen, eine lange Rede zu Ehren Seiner Majestät. Nachdem sie ihre Pflicht erfüllt hatten, gingen sie unter Beifall, Musik und Gesang durch die Straßen, wobei sechs Männer einen Baldachin mit dem Wappen Seiner Majestät darauf trugen. So liefen sie die Straßen entlang, vorbei an siebenhundert Soldaten in Reih und Glied, zudem die kaiserliche Garde von etwa einhundert Soldaten rings um dessen Kutsche, in der auch die Kaiserin saß. Hinter seiner Kutsche liefen hundert Reiter mit Musketen und Pistolen, Hartschiere[193] genannt, alle einheitlich gekleidet, immer seine Person begleitetend. Ihnen folgte die Erzherzogin in ihrer Kutsche und alle anderen nach ihren Rängen, bis sie zu einer großen Kirche kamen, wo Seine Majestät ausstieg und eintrat. Am Eingang traf er den Bischof der Stadt. Gekleidet in seine Robe, mit Mitra und Bischofsstab segnete er die vor ihm Knienden mit Weihrauch. Danach schritt er zum Hochaltar, wo sie das Te Deum mit Pauken und Trompeten sangen. Als alles vorbei war, zog sich der Kaiser in seinen Palast zurück, der sich direkt neben der Kirche befand.[194]

Am 5. August hatte Seine Exzellenz eine Audienz bei dem Kaiser und der Kaiserin. Am nächsten Tag besuchte der Conde de Oñate,[195] der spanische Sondergesandte, dessen Sohn nun Sondergesandter in England ist, Seine Exzellenz. Begleitet wurde er von zwölf Polen, die Musketen über ihren Schultern und Säbel an ihren Seiten trugen. Am 9. August, dem gleichen Tag, als der Herzog von Bayern eintraf, erwiderte Seine Exzellenz diesen Besuch.[196] Die schwangere Herzogin wurde in einer Sänfte vom Wasser hergetragen, begleitet von 873 Personen und 764 Pferden. Sie belegten 500 Quartiere in der Stadt.

Am nächsten Tag, einem Sonntag, traf abends der Bischof von Mainz ein, mit 129 Pferden und 185 Bediensteten.[197] Am 16. August besuchte der polnische Gesandte Seine Exzellenz.[198] Er hatte dreißig Begleiter, alle gekleidet in verschiedenfarbigen Wämsern, roten Hosen, und langen, roten, polnischen Mänteln, meist aus gewebter Seide. Sie trugen keine Armbinden oder Hüte, dafür rote Kappen mit einer Feder wie die eines Truthahns. Sie hatten keine Haare auf dem Kopf, nur eine lange Locke war von ihrem Haarschopf übrig gelassen. Alle hatten kurze gelbe Schuhe ohne Sporen, dafür aber mit eisernen Fersen. Der Gesandte trug die gleiche Kleidung wie die zwölf Fußmänner von geringerem Stand. Sie trugen große Streitäxte in ihren Händen und Säbel an ihren Seiten.

Gegen acht Uhr am Morgen des 18. August, des Kaisers Krönungstag, brach Seine Majestät auf, um den Kurfürsten von Mainz zu besuchen, begleitet von all seinen Edelmännern und Bediensteten, die ihm paarweise vorausgingen. Am selben Tag, an dem Seine Majestät abreiste, besuchte Seine Exzellenz ihn und am einundzwanzigsten, welcher ein Sonntag war, besuchte der venezianische Gesandte Seine Exzellenz, und nach ihm der florentinische Gesandte.[199] Am Nachmittag des nächsten Tages wurde Seine Exzellenz vom Kurfürsten von Mainz, anschließend vom Bischof von Wien und zuletzt vom Markgrafen Pallavicini besucht.[200] Am nächsten Tag besuchte der spanische Gesandte Seine Exzellenz zum zweiten Mal und nach ihm der Graf Slavata, Kanzler von Prag.

Am Vormittag des 28. August, welcher ein Sonntag war, gingen der Kaiser und die Kaiserin, um für den Frieden zu beten. Begleitet wurden sie von dem Bischof von Mainz, dem Herzog von Bayern, dessen Herzogin und ihrer Schwester, der Erzherzogin. Sie gingen von dem Palast zu einer kleinen, alten Kirche[201] in der Stadt, alle zu Fuß, begleitet von ihren Bediensteten nach ihren Anweisungen: Zuerst kamen die Bannerträger, dann alle Edelmänner, dann Sänger und alle geweihten Priester und der Bischof der Stadt in seinem Kirchengewand. Ihm folgte der Kaiser, geführt von dem Grafen Khiesel, dem ersten Oberhofmeister, und Don Baltazar,[202] einem großen Feldherrn: Die Kaiserin wurde von dem Grafen Slavata und dem Fürsten Dietrichstein geleitet, dem ersten Oberhofmeister der Kaiserin. Der Bischof von Mainz, der Herzog von Bayern, seine Herzogin und ihre Schwester, die Erzherzogin, geleitet von ihren Bediensteten, und alle Edelleute und Damen nach ihren Rängen folgten. Nach dem Ende der Andacht kehrten alle auf dieselbe Weise zurück. Am Nachmittag desselben Tages besuchte Seine Exzellenz den spanischen Gesandten.

Am nächsten Tag besuchte der Bischof von Mainz Seine Exzellenz zum zweiten Mal. An diesem Tag fand man nach langem Suchen die toten Körper der Bediensteten Seiner Exzellenz. Es waren sein Stallmeister und sein Trompeter zusammen mit ihrem Führer, einem Postillion. Sechs Tage nachdem sich der Mord ereignet hatte, war man davon ausgegangen, dass es zwei Wegelagerer gewesen waren. Sie müssen der Gruppe, als sie gerade nach Regensburg zurückkehren wollte, nicht einmal vier englische Meilen von Nürnberg entfernt und etwa einen Pistolenschuss von beiden Seiten des Weges entfernt aufgelauert haben, um sie auf barbarische Art und Weise zu töten und an verschiedenen Bäumen im Wald aufzuhängen: Der Kopf des Stallmeisters war durchschossen, der des Trompeters abgeschlagen und der des Postillions gespalten und abgerissen. Am Tag, nachdem sie gefunden worden waren, hatte man sie in Nürnberg in Anwesenheit aller Herren und Bürger der Stadt mit allen Ehren bestattet.[203]

Am Morgen des 1. Septembers, welcher ein Donnerstag war, kamen der

Der „Immerwährende Reichstag“ zu Regensburg

Bischof von Wien und Doktor Gebhard, einer der Berater des Kaisers, und ein Sekretär des Doktors, um zusammen über die Anliegen Seiner Exzellenz zu beraten.[204] Am 4. September, einem Sonntag, gingen der Kaiser, die Kaiserin, die Herzogin von Bayern und ihre Schwester, die Erzherzogin und die Edelleute mit ihren Kutschen nach Heilig-Kreuz,[205] um eine gesungene Vesper zu hören. Am nächsten Tag gegen zehn Uhr vormittags trafen sich alle Kurfürsten oder deren Gesandte geschlossen bei Hof.[206] Am selben Tag speisten die Countess of Tyrconnell, eine irische Dame, und Sir Griffin Markham, ein englischer Gentleman, mit Seiner Exzellenz. Schon viele schottische und irische Oberste hatten Seine Exzellenz besucht und ebenso mit ihm gespeist.[207] Und sie sagten, ein großer Teil der kaiserlichen Armee seien Untertanen unseres Königs. Am nächsten Tag besuchte der spanische Gesandte Seine Exzellenz zum zweiten Mal und nach ihm der Legat von Genua.[208]

Am 8. September, einem Donnerstag, trafen sich gegen acht Uhr morgens alle Kurfürsten und ihre Gesandten im Reichstag, einem kleinen, durchschnittlichen Haus, in dem die Stadträte Recht sprechen.[209] Sie kamen in dieser Reihenfolge: zuerst der Kurfürst von Köln[210] und sein Gesandter, der Kurfürst von Brandenburg[211] und sein Gesandter, der Kurfürst von Mainz, der Herzog von Bayern, der Kurfürst von Sachsen[212] und sein Gesandter.

Aber der Kurfürst von Trier, welcher – wie bereits erwähnt – von den Spaniern gefangen genommen worden war, war nicht zugelassen. Alle kamen in Kutschen mit wenigen Begleitern und noch weniger Schaulustigen. Sie wurden angehalten, die Straße wurde mit zwei Ketten abgesperrt und man achtete darauf, dass niemand dort passieren konnte. Nachdem sie zwei Stunden zusammengesessen hatten, trennten sie sich auf die gleiche Weise, wie sie gekommen waren: der Kurfürst von Mainz, Kanzler von Deutschland, der Kurfürst von Köln, Kanzler von Italien, der König von Böhmen, Mundschenk des Reiches, der Kurfürst von der Rheinpfalz, Erztruchsess von Deutschland, der Kurfürst von Sachsen, Erzmarschall des Reiches und der Kurfürst von Brandenburg, Erzkämmerer des Reiches: An diesem Tage wurden ihnen die Propositionen des Kaisers eröffnet und vorgelesen:[213]

Die erste war, dass Trier die Kurwürde entzogen werden solle und der zweite Sohn Seiner Majestät, Leopold[214], diesen Platz einnehmen möge. Die zweite war, seinen Sohn, den König von Ungarn,[215] zum römischen König zu krönen. Die dritte war, Truppen zu mobilisieren, um das Land von allen Feinden zu befreien, welche sämtliche Städte besetzten. Die vierte war, Frieden mit allen christlichen Fürsten zu schließen.

Am zehnten Tag saßen sie wieder zusammen, jedoch in kleinerer Runde als zuvor. Als wir am 15. September wieder zusammensaßen, wurde vormittags ein Mann enthauptet, da er Inzest mit seiner Tochter betrieben hatte, seit diese neun Jahre alt war. Heute ist sie zwölf und hat ein Kind von ihm.

Gegen vier Uhr am Nachmittag kam der polnische Gesandte, um bereits zum zweiten Mal Seine Exzellenz zu besuchen. Am frühen Morgen des nächsten Tages reisten der Herzog und die Herzogin von Bayern in das achtzehn niederländische Meilen entfernte München, um dort zu verweilen, bis sie das Kind zur Welt gebracht hätte. Die einzig erwähnenswerte Tatsache war, dass sie in einer Sänfte neben ihrer Kutsche getragen wurde. Am 22. September saßen sie wieder zusammen, und die meiste Zeit ihrer Versammlung verbrachten sie mit gegenseitigen privaten Besuchen. Am nächsten Tag wurde Seine Exzellenz zum zweiten Mal vom brandenburgischen Gesandten aufgesucht. Am 24. September besuchte der niederländische Gesandte Seine Exzellenz erneut.[216] Am 4. Oktober besuchte der Graf Meggau Seine Exzellenz zum zweiten Mal.

Am Morgen des 5. Oktober gingen der Kaiser, die Kaiserin und der gesamte Hof in die Kirche der Karmeliten,[217] um das Fest der heiligen Teresa zu feiern.[218] Auf deren Gebete und Fürbitten hin, so wird gesagt, seien gewisse Gefangene aus der Türkei ausgeliefert, von ihrer Sklaverei erlöst und freigelassen worden, an einem Ort in nicht allzu weiter Ferne. Ihre Fesseln,

Eisenschellen und Bilder werden immer noch in der Kirche aufbewahrt als Zeugnis dieses Wunders.

Am Nachmittag kam der König von Ungarn, den der Kaiser durch sein Heer hatte rufen lassen, damit jener zum König der Römer gewählt werde. Er kam in Begleitung verschiedener schottischer und irischer Obristen und Kommandeure. Aber eine englische Meile vor der Stadt machte seine Majestät halt und wartete in seiner Kutsche, bis der Kaiser, die Kaiserin und der ganze Hof kamen, um ihn zu begrüßen. Dann bestiegen er und sein Gefolge Pferde, um den Kaiser und die Kaiserin in einiger Entfernung zu treffen. Er stieg ab und beeilte sich, seinen Gehorsam zu erweisen. Sie begrüßten ihn ebenso und wandten sich dann zu seiner Schwester, der Erzherzogin, die in einer anderen Kutsche saß, um sie zu begrüßen. In der Zwischenzeit küsste das Gefolge die Hände des Kaisers und der Kaiserin. Als dies beendet war, befahl ihn der Kaiser an seine Kutsche, um zu einer Falkenjagd aufzubrechen. Als sie an dem Platz für die Falkenjagd ankamen, stiegen sie alle auf Pferde – bis auf die Kaiserin und die Erzherzogin, die in einer offenen Sänfte von Mauleseln getragen wurden. Nach der Jagd kehrten sie mit drei Wachtelhunden und einem Falken in ihren Palast zurück.

Am 7. Oktober wurde Seine Exzellenz von Oberst Leslie besucht, einem schottischen Kommandeur und Kapitän der ungarischen Garde des Königs.[219] Am Sonntag, dem 10. Oktober, schickte der König seiner Gemahlin einen Brief, in dem er sie bat, ebenfalls nach Regensburg zu kommen. Am Vormittag des zwölften Tages kam der Kurfürst zu Köln und am Abend hatte Seine Exzellenz eine Audienz bei dem Kaiser und der Kaiserin, aber als wir durch die Gemächer zu Seiner Majestät gingen, war dort weder Licht noch Männer, um uns den Weg zu zeigen. So gingen wir durch die Dunkelheit, bis wir über eine Tür stolperten, welche die Tür zu der Vorkammer war. Dort stießen wir auf drei oder vier Edelleute, die sich kurz zuvor vom Kaiser entfernt hatten, um Ihre Majestät vom Kommen Seiner Exzellenz zu unterrichten. Dieser wurde umgehend in ihre Kammer gebracht und kehrte auf demselben Weg zurück, jedoch begleitet von jemandem mit einem Licht.

Am Freitag, dem 14. Oktober, kam die Königin von Ungarn gegen fünf Uhr nachmittags. Gegen ein Uhr entfernten sich der Kaiser, die Kaiserin und der Kurfürst von Köln zusammen mit dem ganzen Hof etwa drei englische Meilen von der Stadt, um sie zu treffen. Allerdings gingen sie auf Falkenjagd, bis es drei Uhr war und sie die Königin in ungefähr einer halben englischen Meile Entfernung entdeckten. Der Kaiser beendete seinen Sport, um sie zu treffen. Er kam näher und stieg etwa vier Gertenlängen von ihrer Kutsche entfernt ab, und beeilte sich, sie mit seinem Hut in der Hand zu begrüßen. Sie stieg aus ihrer Kutsche und kam ein kleines Stück auf ihn zu, demonstrierte ihren Gehorsam, in dem sie sich kniete und seine Hand küsste. Er beugte sich ebenso herab und empfing sie höchst erfreut in seinen Armen. Die Kaiserin saß in einer Sänfte ebenso wie die Erzherzogin, die heraushastete, um sie zu begrüßen. Nachdem auch die Gratulationen zwischen ihnen und dem Kurfürsten von Köln sowie dem Conde de Oñate, dem spanischen Gesandten, beendet waren, was alles in allem über eine viertel Stunde dauerte, kehrten der König und die Königin in der Kutsche des Kaisers in die Stadt zurück. Sie hatten um die dreißig Kutschen und hundert Pferde, die sie in die Stadt begleiteten. Gegen neun Uhr am Morgen des 17. Oktober hatte Seine Exzellenz eine Audienz beim König und wurde am Nachmittag erneut von Oberst Leslie und anschließend von dem polnischen Gesandten besucht.

Am Abend des nächsten Tages fand eine große Hochzeit statt. Oberst Wejher, ein Pole, heiratete eine Hofdame der Kaiserin mit Namen Schaffgotsch.[220] Ihr Vater war vor einigen Jahren hier in der Stadt als Verschwörer gegen den Kaiser enthauptet worden. Die Hochzeitszeremonie verlief entgegen unserer englischen Traditionen; ich werde es erklären: Zuerst wurde der Bräutigam von dem polnischen Gesandten und vielen Edelmännern aus seiner Unterkunft gebracht. Alles war gut für die Zeremonie vorbereitet. Er stieg ab und ging zum Kaiser und der Kaiserin, dann zu der Privatkapelle Seiner Majestät. Er wurde von Kaiser und König dorthin gebracht, die Braut von der Kaiserin und der Königin. Dort traute der Bischof das Paar, und der Kaiser setzte eine reich mit Diamanten und Perlen geschmückte Krone, welche Seiner Majestät gehörte, auf den Kopf des Bräutigams. Anschließend kehrten sie zum Privatgemach des Königs zurück, wo der Kaiser ihnen ein Essen servieren ließ und Seine Majestät, die Kaiserin, der König und die Königin von Ungarn und die Erzherzogin zusammen mit den Kurfürsten von Mainz und Köln mit ihnen am Tisch saßen. Und der Bräutigam trug die ganze Zeit über die Krone, und die Braut war sehr reich auf Kosten der Kaiserin gekleidet. Sie trug an diesem Abend keine anderen Juwelen außer denen Ihrer Majestät. Nach dem Essen wurden sie zu Bett geleitet, denn es war eine Regel, dass, sobald eine Dame des Hofes heiratete, das Paar in dieser Nacht dort schlief (sofern sie eine Hofdame war, sonst nicht).

Um zwei Uhr am nächsten Tage besuchten der Graf, der Geheimrat des Kaisers und der Berater des ungarischen Königs als Abgesandte des Königs Seine Exzellenz. Den darauffolgenden Tag speiste Oberst Leslie mit seiner Exzellenz. Danach wurde er vom spanischen Gesandten, dem Conde de Oñate, besucht. Am 21. Oktober hatte Seine Exzellenz um zwei Uhr nachmittags eine Audienz mit dem ungarischen König und der Königin.

Am nächsten Tage besuchte Seine Exzellenz den Grafen von Trauttmansdorff und den Bischof von Wien und kehrte anschließend nach Hause zurück. Kurz darauf besuchte ihn der Graf von Schlik, der Feldmarschall des Kaisers.[221] Um fünf Uhr kam dann der Marquis de Castañeda als Botschafter im Auftrag Spaniens in die Stadt,[222] der den König von Ungarn stets in der Armee begleitet und der nun direkt von seinem Posten hierher kam.

Am 23. Oktober, einem Sonntag, speisten der Sohn des Grafen von Schwarzenberg,[223] dessen Vater der Gesandte des Kurfürsten von Brandenburg ist, und Oberst Leslie mit seiner Exzellenz.

Am 24. Oktober gegen acht Uhr in der Frühe besuchte Seine Exzellenz den Kurfürsten von Köln, um zwei Uhr den Marquis de Castañeda und auch den Grafen Meggau.

Am folgenden Tage besuchte er vormittags den polnischen Gesandten, am Nachmittag den Kurfürsten von Mainz.

Am 26. Oktober[224] speiste der junge Pappenheim, dessen Vater der Generalkommandierende der kaiserlichen Truppen während der Zeit des Königs von Schweden und dann ermordet worden war, mit seiner Exzellenz.[225] Am nächsten Tag besuchte Seine Exzellenz nochmals den Grafen von Schlik.

Am 28. Tage stattete Seine Exzellenz dem Grafen von Trauttmansdorff einen Besuch ab. Nachdem er wieder zurückgekehrt war, kam der polnische Gesandte, um sich zu verabschieden und sich auf den Rückweg nach Polen zu machen. An diesem Tage zog der Kurfürst zu Trier in einiger Entfernung an der Stadt vorbei. Er war mit einem Geleit von dem Herrschaftsgebiet des spanischen Königs auf dem Weg nach Linz, um dort als Gefangener auf unbestimmte Zeit zu bleiben.[226]

Am Abend des 29. Tages besuchte der Kurfürst zu Köln Seine Exzellenz. Inzwischen hatte die Herzogin von Bayern einen Sohn zur Welt gebracht, der auf den Namen Ferdinandus Maria Franciscus Ignatius Wolfgangus getauft worden war.[227]

Am Sonntag, dem 30. Oktober, speisten mit seiner Exzellenz der Graf von Starhemberg,[228] der jüngere Graf von Stubenburg,[229] Baron Lambert und der Graf Piccolomini.[230] Dessen Vater hatte als General im kaiserlichen Heer gedient – jenem Heer, das sich jetzt unter dem jungen Kardinalinfanten dem Krieg gegen die Franzosen anschließt.[231] Nach dem Abendessen besuchte der spanische Gesandte Seine Exzellenz, und am nächsten Tage suchte Seine Exzellenz den spanischen Sonderbeauftragten auf. Am 1. November besuchte Seine Exzellenz vormittags den Grafen von Schlik und hatte nachmittags eine Audienz bei dem König. Am nächsten Tage verabschiedete er sich von dem Marquis de Castañeda, dem spanischen Gesandten, und von dem Botschafter Brandenburgs.

Am Tag darauf besuchte Ummius, Gesandter des Grafen von Oldenburg, und auch Oberst Andersson, ein schottischer Gentleman, Seine Exzellenz.[232] Beide speisten mit ihm. Nach dem Mahl verabschiedete sich Seine Exzellenz von dem Grafen Pappenheim, dem Marschall des Reiches unter dem Kurfürsten zu Sachsen, und dem Grafen Puchheim, Oberststallmeister des Königs von Ungarn.[233] Am nächsten Morgen verabschiedete er sich von dem Grafen von Schlik und dem Grafen von Stralendorf, Vizekanzler des Reiches,[234] und am Nachmittag von dem Grafen Slavata. Dann machte er sich auf den Weg nach Hause, wo kurze Zeit später der spanische Sonderbotschafter, der Conde de Oñate, eintrat, um seiner Exzellenz einen letzten Besuch abzustatten. Nachdem dieser gegangen war, ging auch Seine Exzellenz und verabschiedete sich von dem Kurfürsten zu Mainz und abends von dem Kurfürsten zu Köln.

Am nächsten Tag kamen der Graf Slavata und nach diesem der Bischof von Wien, um seiner Exzellenz einen letzten Besuch abzustatten. Am nächsten Morgen kamen der Markgraf Pallavicini, nach dem Essen der spanische Botschafter Castañeda und der Graf Trauttmansdorff, um sich zu verabschieden. Um fünf Uhr verabschiedete sich Seine Exzellenz von dem Kaiser, der Kaiserin und dem König und der Königin von Ungarn.

Am nächsten Morgen, Dienstag, dem 8. November, verließen wir Regensburg in der Frühe, um über Hemau auf gleichem Wege nach England zurückzukehren. In der ersten Nacht legten wir drei niederländische Meilen zurück. Am nächsten Tag reisten wir fünf niederländische Meilen nach Neumarkt. Am dritten Tage gelangten wir nach Nürnberg, was weitere fünf niederländische Meilen entfernt lag. Dort kamen am nächsten Morgen die Ratsherren zu uns und boten seiner Exzellenz ihre Dienste in einer langen, auf Niederländisch gehaltenen Rede an. Danach speisten sie mit ihm. Am Nachmittag des nächsten Tages kamen sie erneut, diesmal mit einem Geschenk von 40 Flaschen Wein und drei Bottichen Fisch, die von 30 Männern, die rot-weiße Kopfbedeckungen und rote Mäntel mit reich verzierten Ärmeln trugen, hereingebracht wurden. Sie wünschten, dass Seine Exzellenz mit ihnen gehe und sich das Stadthaus anschaue, ein großes, ungefähr 100 Schritt langes Ge-

Kaiser Ferdinand III. Gemälde von Jan van den Hoecke, um 1644

bäude aus Stein.[235] Zuerst stiegen wir fünf Treppenaufgänge hinauf und schritten durch eine 90 Schritt lange Galerie mit Balustraden, die auf geschnitzten Konsolen ruhten. Schließlich betraten wir einen viereckigen Raum, der manchmal als Ratszimmer diente, sodann einen zweiten, dritten und vierten Raum. Dieser war 28 Schritt lang und zwölf breit, reich an Holzschnitzereien und mit einer bemalten Decke verziert. An einer der Wände hingen

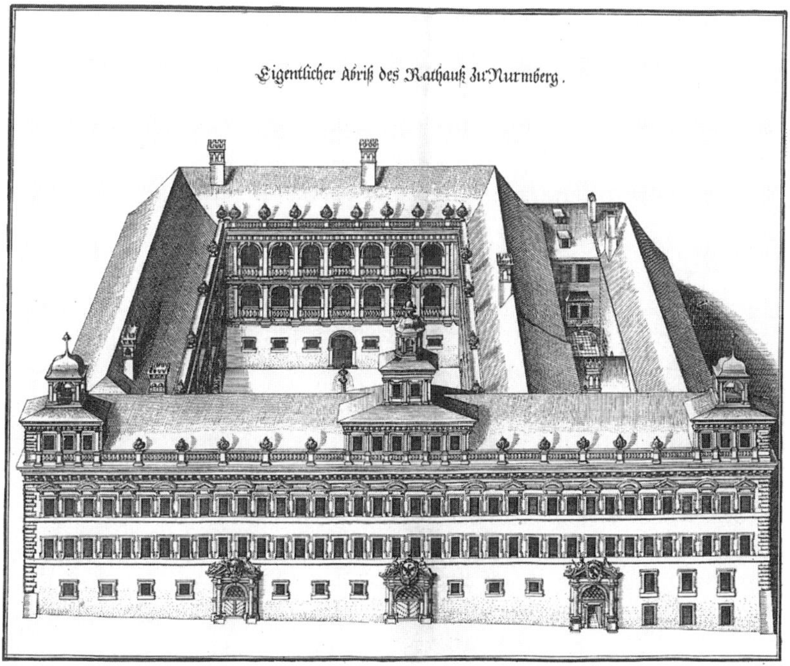

Darstellung des Nürnberger Rathauses aus der Topographia Franconiae des Matthäus Merian, 1656

die Bilder von sechs Kaisern: zuerst Karl der Große; dann Rudolf I., Sigismund,[236] Rudolf II., Matthias I. und Ferdinand, der jetzige Herrscher. Dann gingen wir in den fünften Raum, der genauso mit einigen seltenen Bildern ausgestattet war, darunter zwei Bilder von Albrecht Dürer, einem Selbstporträt und einem Porträt seines Vaters, welche die Stadtväter seiner Exzellenz schenkten. In allen Räumen befinden sich prunkvoll gestaltete Öfen, die einen von Löwen und anderen von Greifen aus Messing gestützt.[237]

Wir verließen das Rathaus, um das Haus von einem der Stadtväter anzuschauen, in dem sich inmitten all der anderen Bilder auch ein Porträt seines Großvaters befand. Dieser besaß weder Nase noch Kinn, soweit das Porträt erkennen ließ. Dann richteten sie seiner Exzellenz ein Bankett aus. Sodann gingen wir in ein weiteres benachbartes Haus, das ebenfalls sehr gut eingerichtet war. Bevor wir jedoch die Zimmer betraten, stiegen wir das wohl faszinierendste Treppenhaus aus Stein hinauf, das ich jemals gesehen habe.[238]

Von dort stiegen wir hinauf zur Burg, in der eines Ratsherren Vater lebt und die auf einem Hügel direkt an der Stadtmauer liegt. Nachdem dieser uns alle Räume des Schlosses gezeigt hatte, machte er uns auf einen sehr tiefen, in den Fels gebohrten Brunnen von 150 Faden Tiefe aufmerksam.[239] Diesen Brunnen benutzte man zur Zeit früherer Kriege zwischen dem Kaiser und dem König von Schweden, um zu verhindern, dass die Bevölkerung die Stadt verlassen musste. Danach richtete er Seiner Exzellenz ein weiteres Bankett aus. Am nächsten Tag, einem Sonntag, speisten alle mit Seiner Exzellenz.

In den Morgenstunden des 14. Tages reisten wir nach einem dreitätigen Aufenthalt ab und nahmen ein Geleit von 100 Musketieren mit nach Neustadt, das in einer Entfernung von fünf niederländischen Meilen lag. Die erste Nacht reisten wir teilweise mit Fackeln durch Wälder und verbrachten den Rest der Nacht auf Strohlagern. In Neustadt, das früher von mehr als 250 Bürgern bewohnt wurde, befanden sich nun keine fünf mehr.

Früh am 15. Tag reisten wir fünf Meilen von dort nach Kitzingen und lagerten auch dort auf dem Boden; am nächsten Tag, nachdem wir drei niederländische Meilen gereist waren, gelangten wir nach Würzburg, wo wir zu Abend aßen und die Nacht über blieben, da es keine andere Stadt in der Nähe gab, in die wir hätten gehen können. Nach dem Mahl sandten die Ratsherren Seiner Exzellenz ein Gastgeschenk von 32 Bocksbeuteln Wein sowie Fisch und Verpflegung für sein Pferd. Bevor Seine Exzellenz am nächsten Morgen abreiste, wurde er vom Bischof von Würzburg besucht, der, außer dass er ein emailliertes Kreuz an einem schwarzen Band trug, gekleidet war wie ein Landadliger.[240] Der Bischof zeigte sich hocherfreut, Seine Exzellenz zu treffen, und übergab ihm ein Madonnenbild, angefertigt von Albrecht Dürer und eines seiner besten Werke.[241] Dann verabschiedete er sich von ihm, da er dabei war aus der Stadt zu reiten, um eine Zuflucht zu finden und die Schweden nur noch zwei Tagesmärsche entfernt waren. Daraufhin kehrte Seine Exzellenz in seine Unterkunft zurück, und wir zogen kurz darauf weiter.

In der Nacht zum 17. Tage reisten wir mit einem neuen Geleit nach Bischofsheim,[242] einer im Tal gelegenen, von Hügeln umringten Stadt, die dem Bischof von Mainz gehört und durch die der Fluss Tauber fließt. Wir reisten an diesem Tag vier niederländische Meilen; einen Großteil davon durch dichtes Waldgebiet. Früh am nächsten Morgen zogen wir von dort weiter durch ein Dorf namens Külsheim und verschiedene andere arme Dörfer, die abgebrannt und ausgeplündert waren. Wir reisten durch hügelige Waldgebiete, wobei die Kroaten eine ständige Gefahr darstellten. Wir erblickten einige von ihnen, die den Wald durchforsteten. Es gab 6000 oder mehr von ihnen um uns. In verschiedene Kompanien aufgeteilt, zogen sie plündernd und raubend durch die Landschaft. Diesen Tag reisten wir fünf Meilen nach Miltenberg. Eine niederländische Meile, bevor wir dort ankamen, schlugen wir den alten Weg nach Neunkirchen ein, dieser verarmten abgebrannten

Ansicht Hanaus mit dem Stadtschloss rechts. Aus der Topographia Hassiae des Matthäus Merian (1655)

Stadt, die ich zuvor erwähnt hatte und die jetzt von lediglich vier oder fünf armen Menschen bewohnt wird. Am Morgen des 19. Tages schlugen wir von dort einen neuen Weg mit einem ausgewechselten Geleit ein. Wir verließen unseren alten Weg, den Main zu unserer Rechten, und zogen entlang seines Ufers durch ein Dorf namens Heubach vorbei an einem stattlichen Bauwerk, das ebenfalls dem Bischof von Mainz gehörte.[243] Weiter ging unsere Reise durch schrecklich zerstörte Dörfer, und nach ungefähr sechs englischen Meilen durch Flachland kamen wir bis nach Seligenstadt und somit auf unsere alte Reiseroute. Während all dieser Zeit waren wir der Gefahr von marodierenden kroatischen Banden ausgesetzt. Als Seine Exzellenz in der Stadt erschien, hieß ihn der Graf von Vendôme,[244] Gouverneur der dortigen Gegend, anstelle des Bischofs von Mainz mit einem halben Wildschwein als Geschenk und Verpflegung für sein Pferd willkommen, da er wohl wusste, dass die Stadt selbst nicht viel an Verpflegung aufbringen konnte. Der 20. Tag war ein Sonntag. Wir brachen früh morgens von dort nach Frankfurt auf und hatten drei niederländische Meilen bis dorthin zurückzulegen.

Am Morgen danach reiste Seine Exzellenz nach Hanau, um dort Sir James Ramsay,[245] einen schottischen Gentleman und Gouverneur der Stadt, zu besuchen.

Er verbrachte dort die Nacht. Der Gouverneur empfing Seine Exzellenz vor dem Tor mit einer Eskorte Reiterei, und bei Einzug in die Stadt schossen Kanonen Salven ab. Als Seine Exzellenz erschien, wurden von zwei Kanonen neben seiner Unterkunft zwei weitere Salven abgefeuert. Diese Stadt war eineinhalb Jahre belagert worden, die Hälfte der Zeit von kaiserlichen Truppen. Zu Beginn der Belagerung hatte die Pest so schwer gewütet, dass binnen sieben Wochen 22 000 Menschen gestorben waren. Dies hatte auch den Feind abgeschreckt, obwohl sich die Stadt in großer Not und Elend befand. Schließlich war die Stadt innerhalb von drei Monaten vom hessischen Landgrafen befreit worden, dessen Männer eine große Anzahl der kaiserlichen Truppen dahingemetzelt und den Rest der Truppen davongejagt hatten. Als wir in einiger Entfernung vor der Stadt vorbeizogen, hörten wir, dass sie sich gerade im Gefecht befanden. Am nächsten Morgen ging Seine Exzellenz durch die Stadt, um nach den Festungswerken zu schauen, die sehr stark sind und kaum von irgendeiner Truppe erklommen werden können. Sie besaßen zwei Batterien, eine aus je sechs Musketen bestehend. Die niederländische Batterie konnte durch einmaliges Anfeuern 80 Schüsse zur gleichen Zeit abgeben.

Die Stadt liegt ebenerdig begrenzt vom Main im Osten, im Norden und Westen von der Kinzig eingegrenzt und von Wassergräben umgeben. Der Fluss treibt vierzehn Mühlen an, die in Stadtnähe liegen. Und bevor irgendein Mann die Stadt betreten kann, muss er drei Brücken, einige Bollwerke und noch eine weitere Brücke überqueren, die in die Neustadt führt. Bei der Befreiung der Stadt ist ein gewisser Daniel Lauter, ein prominenter Bürger, aufgrund seiner überschwänglichen Freude gestorben. Er befand sich im oberen Stockwerk seines Hauses, und als er den Sieg sah, überkam ihn eine solch gewaltige leidenschaftliche Freude, dass er herunterfiel und sofort verstarb.[246] Zudem gab es dort eine Frau, die viele Hunde getötet und deren Fleisch mit großem Gewinn an viele Leute verkauft hatte. Eines Tages, als sie durch die Straßen ging, wurde sie von dem Pöbel derart bedrängt, dass sie, hätten ihr nicht einige Soldaten geholfen, von der Menge bei lebendigem Leib verschlungen oder zerrissen worden wäre. Bei ihrer Befreiung hatte sie ihre Verbrechen zugegeben, und auch, dass sie die Wut der Leute hatte verstehen können.

Nach dem Mahl verabschiedete sich Seine Exzellenz von Sir James Ramsay und kehrte dann zurück nach Frankfurt. Am 24. Tag kamen vier Bürger der Stadt und zollten Seiner Exzellenz Respekt, indem sie 20 Flaschen Wein und ihre Dienste zu Verfügung stellten und danach mit ihm speisten. Wir blieben dort drei Tage, bis unsere Boote bereit waren.

Am Sonntag, dem 26. November, verabschiedeten wir uns von hier und ruderten den Main hinunter. Die erste Nacht verbrachten wir nach einer Strecke von drei Meilen in Flörsheim, wo wir gegenüber Anker warfen und an Bord blieben. Am nächsten Morgen liefen wir aus in Richtung Mainz, wo Seine Exzellenz an Land ging, um nachzuschauen, ob sich die Situation seit unserem Aufenthalt hier gebessert hätte. Leider fanden wir die Stadt jedoch genauso armselig vor wie zuvor: mit verschiedenen armen Menschen, die fast verhungert auf Misthaufen lagen und die kaum in der Lage waren sich nach vorne zu schleppen, um die Almosen Seiner Exzellenz entgegenzunehmen. Daraufhin kehrten wir zum Essen zu unserem Boot zurück. Danach

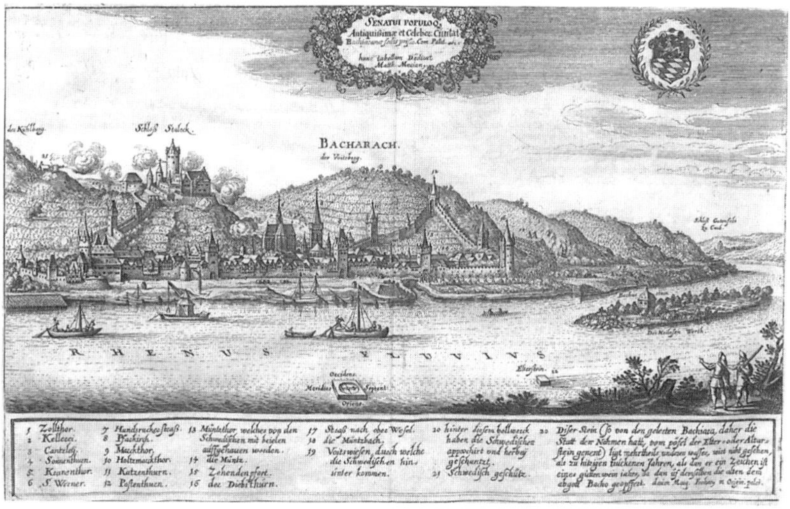

Bacharach mit der Burg Stahleck. Matthäus Merian (1645)

gaben wir die Reste unserer Speisen an viele Bedürftige. Nach dem Mahl fuhren wir von dort aus den Rhein hinunter nach Rüdesheim, was in einer Entfernung von fünf niederländischen Meilen lag, warfen dort den Anker aus und blieben wieder an Bord.

Sehr früh am nächsten Morgen lichteten wir den Anker, und bald darauf kamen wir an einen gefährlichen Ort, den wir passieren mussten, das sogenannte „Binger Loch“. Zwischen vielen Felsen nahe bei der Stadt schießt die Nahe[247] in den Rhein und verursacht dadurch einen stürmischen Wasserfall, der uns auf- und niederwarf. Hätten wir nur einen Felsen gestreift, wären wir sicherlich alle gekentert.

Nachdem wir dies hinter uns gelassen hatten, kamen wir nach Bacharach, wo sogar einige unserer Kameraden an Land gingen, bis ein kleines Boot entsandt wurde, um sie wieder aufzunehmen. Sie wurden von fünf Musketieren bis zum Boot seiner Exzellenz verfolgt, wobei einer von ihnen sehr oft auf sie schoss, sie durch ein glückliches Schicksal aber verfehlte. Nachdem sie sich dem Boot seiner Exzellenz genähert hatten, flüchteten sie sofort.

Dann setzten wir unsere Reise zu einer großen Insel fort, die eine englische Meile oberhalb von Koblenz liegt.[248] Dort warfen wir den Anker und legten die Nacht über an. Wir konnten die Stadt nicht ohne die Erlaubnis des Gouverneurs passieren, da es etliche Wachen gab, die vor uns lagen. In dieser Nacht schwebten wir in großer Gefahr, da wir bemerkten, dass diese patrouillierten, um Beute zu machen. Als sich nämlich einige unserer Weggefährten ein wenig vom Boot entfernt hatten, wurden sie gepackt und einer, der versucht hatte zu fliehen, wurde mit einer Muskete erschossen. Derjenige aber, der gefangen wurde, wurde zum Befehlshaber gebracht, der sich in einem Kloster auf der Insel befand. Dieser hat ihn verhört und daraufhin freigelassen.

Von Koblenz nach London

Am nächsten Morgen schickte Seine Exzellenz für die Durchreisegenehmigung nach dem Gouverneur, der uns dazu zwang, eine weitere Nacht zu bleiben und uns nicht vor drei Uhr nachmittags des nächsten Tages passieren ließ. Hierfür hatte Seine Exzellenz ihm den Passierschein und den Brief des Kaisers überbringen lassen, in welchem ihm befohlen wurde, nicht nur die Durchreise zu genehmigen, sondern außerdem Seine Exzellenz bei allem zu unterstützen, was er benötigte. Dennoch machte er es uns nicht leicht und gab den Weg für unseren Trompeter nicht frei, damit dieser zu den Franzosen in die Burg gehen konnte. Die Franzosen empfanden es als unwürdig, wie er mit Seiner Exzellenz umging, und luden vier oder fünf Kanonen und beschossen das Haus des Gouverneurs. Dieser kam erst nach der dritten Salve mit der Entschuldigung, er sei erst kürzlich von Kardinal Ginetti, dem Nuntius des Papstes, als dieser hier auf seinem Weg nach Köln vorbeigekommen sei, sehr unfreundlich behandelt worden.[249] Diesen habe er erst nach einem dreitägigen Aufenthalt weiterziehen lassen, nachdem er ihm das gewissenhafte Versprechen abgenommen habe, die Franzosen nicht zu besuchen. Dennoch habe der Kardinal, nachdem er die Stadt hinter sich gelassen hatte, die Franzosen aufgesucht. Dies habe den Gouverneur dazu veranlasst, niemanden mehr passieren zu lassen. Nachdem er eine Weile mit seiner Exzellenz geredet hatte, gab er schließlich die Erlaubnis, in der Nähe der Stadt festzumachen. Als der Anker geworfen war, ließ er einen strengen Blick über uns schweifen und gab dann dem Trompeter die Erlaubnis, wegen des Passierscheins zu Monsieur de la Saludie in die Burg zu gehen.[250] Saludie gewährte äußerst bereitwillig Einlass und sandte seiner Exzellenz ein liebliches, altes Bild. Als er aber hörte, wie herablassend der Gouverneur sich gegenüber Seiner Exzellenz ausgelassen hatte, brachten sie kurze Zeit später ihre Kanonen vor seinem Quartier in Stellung und versprachen, dass sein Sohn diese am nächsten Morgen abfeuern lassen werde und ihm ein so reichliches Frühstück schicken würde, dass er kein Abendessen mehr brauche.

In der Zwischenzeit kam ein Leutnant des Gouverneurs und besuchte Seine Exzellenz. Dieser erwies sich letztendlich ebenfalls als Schurke, obwohl wir ihn gut unterhalten und seinen hungrigen Bauch so gut wie schon lange nicht mehr genährt haben. Die Soldaten selbst erzählten uns, dass sich zurzeit ihre tägliche Ration auf anderthalb Laib braunes Brot pro Mann belief und dass sie seit acht Tagen keinen Sold bekommen hatten. So blieb dieser verschlagene Gauner heimlich in unserem Boot, bis unser Trompeter zurückkehrte, überfiel diesen und den Kapitän, brachte sie in die Stadt und ließ sie bewachen. Am nächsten Morgen gaben sie seiner Exzellenz die Erlaubnis, zu passieren, aber der Trompeter sollte später nachfolgen. Daraufhin schickte Seine Exzellenz seinen Haushofmeister, um die Gründe dafür herauszufinden. Dieser fand den Trompeter und den Kapitän an den Armen zusammengebunden. Die Finger des Kapitäns waren abgeschnitten und der Kopf des Trompeters wäre fast entzweigeschlagen worden, wenn sein stabiler Helm das nicht verhindert hätte. Außerdem hatte der Leutnant damit gedroht, die beiden am nächsten Tag zu hängen. Nach viel Aufhebens brachte er sie an Bord zurück. Später kam ein Gentleman, um die barbarische Behandlung durch den Leutnant zu entschuldigen und ließ uns passieren.[251]

Wir fuhren sofort ab. Ein kurzes Stück unterhalb der Stadt und gegenüber der Burg salutierten sie uns dann. Sie riefen, sie würden auf die Gesundheit des Königs von England trinken und feuerten daraufhin mehr als zwanzig Schuss und außerdem eine heftige Salve kleinerer Geschosse, was von uns aus gesehen ihre Häuser rauchen und erbeben ließ. Keiner wagte es, einen Schuss zu erwidern. Der eine, Gouverneur Götz,[252] hatte uns sehr zuvorkommend behandelt. Aber jener, der zuletzt ausgesandt worden war, hatte sich so hinterlistig verhalten, dass sein Name nicht verdient, genannt zu werden.

Von dort aus wollten wir nach Bonn, um dort zu ankern, aber wir wagten dies nicht nahe der Stadt wegen der Pest, die hier sehr schlimm wütete. An diesem Tag ruderten wir acht Meilen, und am nächsten Tag, dem 1. Dezember, erreichten wir Köln, was nochmals einer Strecke von vier Meilen entsprach.[253] Wir verließen diese reizenden Berge, Hügel und wunderbaren Weinberge und fuhren in eine triste Landschaft hinein. Als wir in die Stadt und in die Nähe des Palastes kamen, in dem der Kardinal residierte, erhielten wir die Information, dass alles, was der rüpelhafte Gouverneur von Koblenz über diesen berichtet hatte, falsch war. Wir hielten uns hier drei Tage auf, bis wir unsere Boote durch größere ersetzt hatten. Jeden Tag sandten die Stadträte Seiner Exzellenz 24 Flaschen Wein als Geschenk. Einmal kamen sie, um mit uns zu speisen. Am Sonntag, dem 4. Dezember gegen Abend, kamen wir wieder an Bord, und am nächsten Morgen um drei Uhr setzten wir die Segel und segelten stromabwärts an Mülheim vorbei, das am linken Ufer des

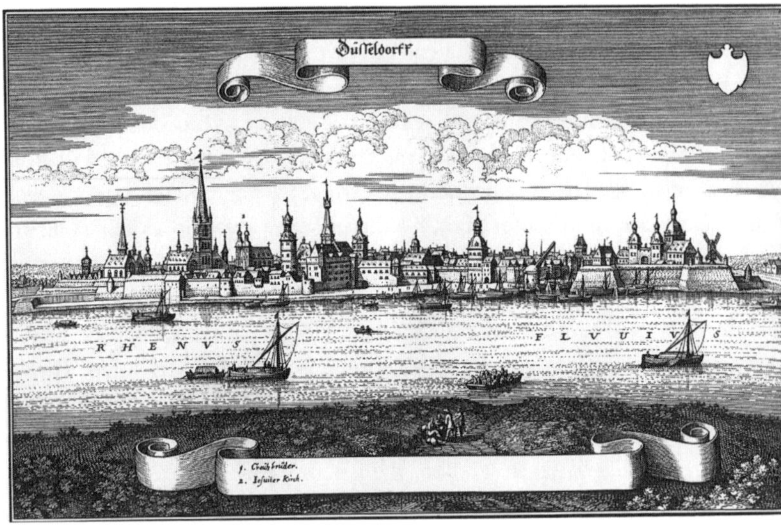

Düsseldorf in einer Darstellung des Matthäus Merian von 1647

Rheins liegt und an Zons, welches rechts des Rheins liegt und welches zu den Äbten von Köln gehört.[254] Dort konnten wir zollfrei verweilen. Dann fuhren wir weiter nach Neuss, das auf derselben Seite des Rheins, der auf die Stadt zuläuft, liegt,[255] und nach Düsseldorf, wo – sobald wir ans Ufer gelangten, der noble Herzog von Neuburg herbeieilte. Er kletterte mühsam über einige Schiffe, um unseres zu erreichen und Seine Exzellenz zu begrüßen – so glücklich war er über dessen sichere Rückkehr.

Der Herzog hatte in seinem Haus bereits Vorkehrungen getroffen, um Seine Exzellenz dort bewirten zu können. Als er aber begriff, dass Seine Exzellenz nicht lange bleiben würde, ließ er ein Wildschwein, Wein und fünf Gemälde holen und übergab diese Seiner Exzellenz. Dann verließ er, traurig darüber, Seine Exzellenz weiterziehen zu lassen, das Schiff, was ihm allerdings in Anbetracht der fortgeschrittenen Zeit und der Tristheit des Wetters nicht allzu schwer fiel. Der Herzog blieb am Ufer stehen, bis wir abgelegt hatten, und als wir zum Gruße zehn Kanonen abfeuerten, ging der Herzog immer noch am Ufer entlang, soweit das Wasser dies zuließ. Er blieb, bis wir außer Sicht waren. Von dort fuhren wir nach Kaiserswerth, das zum Gebiet des Kurfürsten von Köln gehört und am linken Ufer des Rheins liegt. Dort verweilten wir nochmals zollfrei, und als wir ablegten, ließ er uns mit Salut grüßen – so auch in Uerdingen, einer kleinen Stadt, von der wir eine Wegstunde entfernt gegenüber einer kleinen, alten Burg namens Angerort vor Anker gingen.[256] An diesem Tag segelten

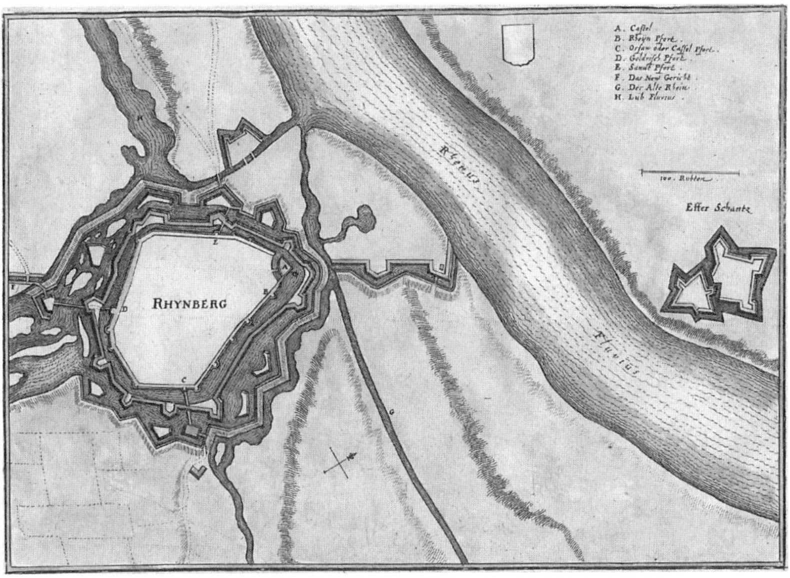

Plan des stark befestigten Rheinberg von Matthäus Merian (1654)

wir siebeneinhalb Leugen. Zuvor hatten wir in deutschen Landmeilen gerechnet, zu jeweils vier bis fünf englischen Meilen. In dieser Nacht schwebten wir in großer Gefahr, da zu beiden Seiten von uns Rotten lagerten, die alle Reisenden ausplünderten und ausraubten. Kurz bevor wir ankerten, sahen wir eine Gruppe von etwa fünfzig Männern, die am Ufer entlang gingen. Um zehn Uhr nachts, als es sehr dunkel war, wurde von unserer Wache falscher Alarm geschlagen, dass sich eine Gruppe nähern würde. Dies ließ uns alle zu unseren Waffen eilen und wir erkannten erst im letzten Moment, dass es nur ein Boot war. Dessen Insassen riefen uns zu, dass sie Freunde des Herzogs von Neuburg seien, die mit uns nach England reisen wollten – und wir hätten sie fast erschossen!

Früh am nächsten Morgen setzten wir die Segel und segelten einen Teil des Tages, weiterhin unter Gefahren, nach Orsoy,[257] dem wichtigsten Truppenlager der Generalstaaten, wo wir ankerten, bis unser Schiff durchsucht worden war. Als wir ablegten, übergaben sie uns zwei Geschütze. Von dort ging unsere Reise weiter an Rheinberg vorüber, dem gegenüber ein Kriegsschiff der Generalstaaten ankerte und uns mit drei Schüssen salutierte. Eine Seemeile hinter Büderichswesel[258] ankerten wir mitten im Rhein, nachdem wir an diesem Tag wegen der verschiedenen steuerpflichtigen Anlegestellen nur viereinhalb Seemeilen gesegelt waren.

Am nächsten Morgen setzten wir in aller Frühe die Segel und segelten rheinabwärts vorbei an Rees, Emmerich und Schenkenschanz, welches zu unserer Rechten, wo wir den Rhein verließen, nun neu aufgebaut und gut befestigt war. Wir fuhren auf einem tiefen Fluss namens Waal zu einer schönen Stadt namens Nimwegen, die am Ostufer des Rheins auf einem Hügel liegt. Dort kam uns der Gouverneur der Stadt, der Sohn eines Stadthalters, entgegen und bot seiner Exzellenz seine Dienste an.[259] In ebenjener Stadt waren in diesem Sommer 12 000 Menschen an der Pest gestorben, aber jetzt, Gott sei Dank, ist es fast vorbei. Vor dort fuhren wir an einigen Blockhäusern vorüber, von denen alle halbe Leuge eines stand, in welchen jeweils eine Wache aufgestellt war, um den Fluss ununterbrochen zu beobachten. Wir passierten unbehelligt, bis wir zum vierten Blockhaus gelangten, wo man uns, sobald wir erzählt hatten, dass ein englischer Botschafter unter uns sei, mit vier oder fünf Schüssen beschoss und einige von uns nur knapp verfehlte. Daraufhin gingen wir in der Mitte des Rheins vor Anker, aber wir konnten nicht sicher herausfinden, wer auf uns geschossen hatte. An diesem Tag segelten wir sieben Leugen.

Am Morgen des 8. Dezembers setzten wir die Segel und fuhren zwei Leugen bis nach Tiel. Wir waren wegen des Eisgangs kaum vorangekommen, waren aber trotz der Gefahr, dass unser Schiff durch die gewaltige Kraft des Eises zerbersten könnte, weitergesegelt. Das Eis zwang uns, dort drei Tage zu bleiben, bis wir erfuhren, dass ab Vianen möglicherweise ein Durchlass in das Eis des Rheins gebrochen worden war. Wir brachen von Tiel mit kleinen Schlitten am 11. Dezember auf und fuhren über dicke Schichten Eis durch Buren, wo der Prinz von Oranien ein schönes Schloss hat.[260]

Von dort gelangten wir nach Culemborg und so zur Unterkunft nach Vianen. Wir reisten an diesem Tag unter großen Mühen sechs Leugen weit, einige zu Fuß, andere mit den Schlitten. In Vianen bewirtete Sir Ferdinand Carey, ein englischer Gentleman, Seine Exzellenz an diesem Abend. Die Stadt liegt sehr idyllisch am östlichen Ufer des Rheins, wo es die seltensten Blumen gibt. Dort wurde kürzlich eine Tulpenzwiebel für 340 Pfund verkauft, wie Sir Ferdinand seiner Exzellenz berichtete.[261]

Am nächsten Morgen schifften wir uns ein und überquerten den Fluss, obwohl dies wegen der Nässe, des Windes und des Wasserstandes gefährlich und schwierig war. Wir legten an und gingen eine Strecke von zwei Leugen bis nach Utrecht, wo wir nächtigten. In Utrecht starben durchschnittlich 80 Menschen an der Pest pro Woche, und vor kurzem sogar 300 Menschen. Von dort aus reisten wir am nächsten Tag acht Leugen, bis es sehr spät war, weiter nach Leiden, um dort zu nächtigen. An der dortigen Universität studierten einige Prinzen, so auch Söhne der Königin von Böhmen, die Seine Exzellenz

Amsterdam aus dem Atlas van Loon von 1649: Die Zufahrt durch die Harlemmerpoort befindet sich rechts im Bild.

kürzlich besucht hatte. Seine Exzellenz traf sich dort mit einigen Gentlemen, die von der Königin geschickt worden waren, um Seine Exzellenz zu treffen – mit zwei ihrer Kutschen, die Seine Exzellenz nach Den Haag bringen sollten.

Bevor Seine Exzellenz am nächsten Tag fort ging, besichtigte er die Sehenswürdigkeiten, die in der Stadt von Interesse waren: die Gebäude der Universität und das Institut für Anatomie, für deren Betrachtung wir zuvor keine Muße gehabt hatten. Von dort aus fuhren wir nach dem Essen weiter nach Den Haag, das drei Leugen entfernt lag, an einem Mittwoch, dem 14. Dezember, ihrem Weihnachtsabend.[262]

So ließ ich Seine Exzellenz in Den Haag zurück und fuhr nach Amsterdam, der berühmten Stadt; zuerst mit der Kutsche nach Harlem, das fünf Leugen entfernt war. In dieser schönen Stadt verbrachte ich die Nacht. Am nächsten Tag reiste ich weiter nach Amsterdam, das drei Leugen entfernt lag. Ich fuhr den ganzen Weg auf einem Damm, das Harlemmermeer zu meiner Rechten und Het Ij zu meiner Linken, bis ich schließlich die Harlemmerpoort erreichte, durch die ich in die Neustadt Amsterdams gelangte. Dort überquerte ich drei große Grachten, die Prinsengracht, die Keizersgracht und die Herengracht. Diese Grachten sind eine dreiviertel englische

Meile lang und zusammen 200 Schritt breit. An deren Ufer entlang stehen einige Reihen herrschaftlicher Häuser und Alleen, wohingegen sich in der Altstadt nicht viele herrschaftliche Gebäude befinden. Die ganze Stadt ist auf Pfählen im Wasser gebaut und durch jede Straße läuft ein großer Kanal, der es den Handelsbooten ermöglicht, direkt zu den Häusern zu fahren. Ihr Handelskontor ist dem Londoner Kontor weitestgehend nachgebildet. Sowohl die oberen als auch die unteren Etagen sind vergleichbar, wobei es weniger breit ist und mitten im Wasser steht.

In Amsterdam befindet sich ein sehr großes Gebäude, das Waisenhaus, wo alle armen, elternlosen oder von ihren Eltern verwahrlosten Kinder gepflegt und aufgezogen werden.[263] Zurzeit befinden sich dort 800 Kinder, die alle gleich gekleidet sind; ein Teil ihrer Kleidung ist rot, der andere schwarz. Außerdem gibt es hier vier Krankenhäuser, die aneinander angrenzen und in denen Männer und Frauen getrennt sind. Zwei seltene und erstaunlich eingerichtete Gebäude sind das Ost- und das Westindien-Haus und viele andere entzückende Bauwerke.[264]

Hier blieb ich zwei Tage lang und fuhr am Samstag, dem 17. Dezember, um fünf Uhr morgens mit einer von einem Pferd gezogenen Schuit flussaufwärts an einem Damm entlang. So fuhr ich bis nach Harlem, und um zehn Uhr morgens nahm ich ein Fuhrwerk und reiste bis nach Den Haag, was fünf Wegstunden entfernt lag. Wir setzten um zwei Uhr morgens über den Rhein und kamen am anderen Ufer um acht Uhr an, wo wir acht Tage verweilten. Die meiste Zeit verbrachten wir am Hof der Königin, die restliche mit Besuchen bei dem Prinzen von Oranien, den Generalstaaten und drei Gesandten: den Herren Charnesse aus Frankreich, Camerarius aus Schweden, dem venezianischen Gesandten sowie dem Grafen zu Culenburg.[265]

Als wir hörten, dass unser Schiff angekommen war, verabschiedete sich Seine Exzellenz um zehn Uhr abends von der Königin und reiste am nächsten Morgen, dem 21. Dezember, einem Mittwoch, ab. Prinz Moritz kam mit ihm nach Rijswijk, wo der Prinz von Oranien seinen Sitz hatte, den sich Seine Exzellenz anschaute.[266] Der Prinz nahm danach Abschied, kehrte nach Hause zurück, und Seine Exzellenz fuhr in der Kutsche Seiner Majestät weiter nach Delft, wo er tafelte. In dieser Stadt gab es so viele Brücken wie Tage im Jahr und ebenso viele Kanäle mit Straßen, in denen Boote auf und ab fahren. Dort fuhren wir auf einem gewöhnlichen Kanal, der unter einem Kirchhof hindurchführte.[267]

Von dort aus reisten wir mit einer Schuit nach Rotterdam, das fünf Leugen von Den Haag entfernt liegt. Dort warteten wir, bis wir guten Wind hatten. Dann, am Sonntag, dem 24. Dezember (Heiligabend nach unserer Zeitrechnung), schifften wir uns um elf Uhr nachts ein und fuhren zu unserem Schiff,

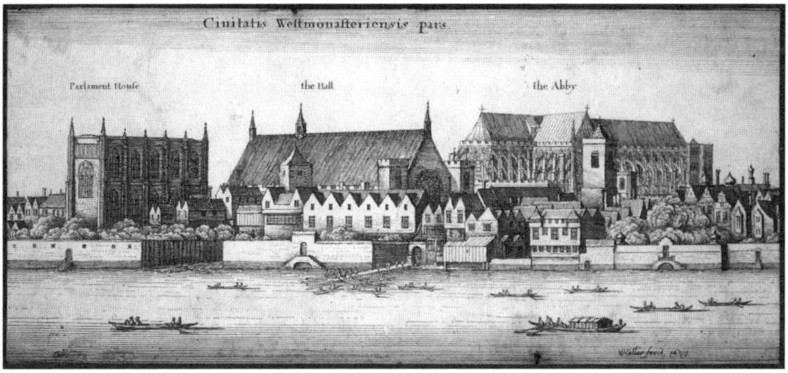

Das Herz der britischen Politik und Religion: Westminster Abbey, Westminster Hall und das Parliament House auf einem Stich von Wenzel Hollar (1647)

segelten erst über Maassluis nach Hellevoetsluis, wo unser Schiff, die „Garland“, vor Anker lag. Um drei Uhr nachmittags setzten wir die Segel und fuhren über die Sandbänke aufs Meer hinaus. Ein Lotsenboot fuhr mit einer Laterne auf der Mastspitze uns voraus, ständig die Tiefe des Wassers kontrollierend. Am nächsten Tag gingen wir vor den Downs vor Anker, da wir erst am 27. Dezember wegen der rauen See anlegen konnten. Schließlich legten wir in Deal an, von wo aus wir mit der Postkutsche erst nach Canterbury und dann für die Nacht nach Sittingbourne fuhren. Am nächsten Morgen fuhren wir früh nach Gravesend, wo wir Richtung London einschifften. Auf unserem Weg dorthin stießen wir auf das Schiff meiner recht werten Herrin, die ihrem Gatten, Seiner Exzellenz, entgegengesegelt war. Sie empfing ihn mit einem Bankett, und früh am nächsten Morgen brach er nach Hampton Court auf, um Seiner Majestät die Aufwartung zu machen.

Portrait König Karls I. von Wenzel Hollar (1649)

Aus den Anweisungen des Königs von England an den *Earl of Arundel*, 1. April 1636[268]

Grundsätzlich müsst Ihr beachten, dass Ihr uns weder durch Parteinahme jeglicher Art noch durch einen Friedensbruch oder Verletzung gültiger Verträge mit unseren Nachbarn und Verbündeten in einen kriegerischen Konflikt verwickelt.

Wir sind jedoch geneigt, mit dem Kaiser und dem Haus Habsburg eine treue Allianz einzugehen, um dadurch den Frieden zu sichern. Um dieses Ziel zu erreichen, werden wir mit allen nicht rechtgläubigen Fürsten und Staaten innerhalb des Reiches Verhandlungen aufnehmen, um sie zu überzeugen, sich dem Kaiser zu unterwerfen und einen gerechten und ausgewogenen Frieden, dem in der nächsten Sitzung des Parlaments zugestimmt werden soll, anzustreben. Dies kann allerdings nur unter der Bedingung geschehen, dass unser Neffe in all seine Würden und Ämter wieder eingesetzt wird.

Auch werden wir unseren Onkel, den König von Dänemark, dazu anhalten, uns in unseren Bemühungen zu unterstützen. Des Weiteren werden wir mit den Schweden in Verhandlungen treten, um uns ihrer Zustimmung zu vergewissern. Auch werden wir darauf hinarbeiten, unsere Nachbarn, die Generalstaaten der Vereinigten Provinzen, zu einem Frieden oder zumindest einem Waffenstillstand mit dem König von Spanien und dem Kardinalinfanten zu bewegen. Desgleichen werden wir mit Frankreich verfahren.

Mit unseren Freunden, den italienischen Fürsten, werden wir, falls dazu Anlass besteht und falls irgendeiner von ihnen den gerechten und vernünftigen Bedingungen nicht zustimmen sollte und weiterhin versucht den Frieden zu stören, für den Kaiser, soweit uns dies möglich ist ohne bestehende Verträge zu brechen, eine mächtige Seestreitkraft vorhalten und unsere Männer dazu anhalten, den Kaiser bei Bedarf zu unterstützen.

All diese Maßnahmen dienen nicht dem Ziel einer teilweisen und uneindeutigen, sondern vielmehr der von uns gewünschten vollständigen und allumfassenden Restitution der Kurpfalz.

Sollte dies nicht der Fall sein, so sehen wir uns gezwungen, uns andere Verbündete zu suchen, um die Sache eines gerechten Friedens voranzubringen. Jedoch würden wir diese Ziele nur widerwillig zum Nachteil jenes kaiserlichen Hauses, das wir selbst und unsere Vorfahren seit jeher so schätzen und verehren, verfolgen.

Nachwort

Die Idee stand schon lange im Raum – nur war sie auch unter den gegebenen schulischen Rahmenbedingungen realisierbar? Könnte man Schüler dazu anhalten, in einem limitierten Zeitrahmen wissenschaftspropädeutisch zu arbeiten, und würde dann auch ein qualitativ ansprechendes Ergebnis erzielt werden können?

Die moderne Pädagogik und Didaktik vermitteln hier bisweilen ein anderes Bild! Langem, konzentriertem, nachhaltigem Arbeiten auf einem hohen kognitiv-intellektuellen Niveau haftet ja seit längerer Zeit schon – auch an Gymnasien – der Geschmack des Unrealisierbaren an.

Dennoch ließen wir uns nicht abschrecken und gingen das Wagnis ein, Schülerinnen und Schülern einen frühneuenglischen Originaltext aus dem 17. Jahrhundert zuzumuten – wir ließen ihn in Teilen übersetzen und in eine wissenschaftliche Form bringen. Damit liegt das Reisetagebuch des William Crowne nun erstmals vollständig in deutscher Übersetzung vor. Diese Übersetzung bietet nicht nur Einblicke in die Art des Reisens in der frühen Neuzeit, sondern auch in den kulturellen Reichtum der bereisten Gebiete. Die Ereignisse im Zusammenhang des Regensburger Kurfürstentages von 1636 bieten darüber hinaus einen *Who is Who* des 30-jährigen Krieges.

Unsere Schüler machten sich mit Feuereifer an die Arbeit. Handlungsorientiertes sowie fächerverbindendes Arbeiten auf einem hohen inhaltlichen Niveau führte zu ganz erstaunlichen Arbeitsergebnissen. Hierbei kamen ganz unterschiedliche Kompetenzen und fachwissenschaftliche Fertigkeiten zum Tragen: das sprachlich angemessene Übersetzen eines Textes unter weitgehender Beibehaltung seines Originalcharakters, kritische Quellenanalyse und -interpretation. Darüber hinaus wurde die digitale Medienkompetenz der Schülerinnen und Schüler geschult, indem sie die von Crowne und Hollar beschriebenen geographischen Gegebenheiten mit Hilfe von *Google Earth* identifizierten. Auch der kritische Umgang mit Wikipedia und anderen Internetressourcen – vor allem dann, wenn die Beschaffung von Informationen auf konventionellem Weg nicht möglich war – wurde intensiv geschult.

Dabei bearbeitete Konstanze Liskow den Abschnitt „Von London nach Mainz", Sebastian Fasig den Abschnitt „Von Mainz nach Linz", Philipp Spindler „Von Linz nach Prag", Veit Lorenz „Von Prag nach Regensburg", Andrea Ludes „In Regensburg", Kristin Krög „Von Regensburg nach Koblenz" und Marie Martin den Abschnitt „Von Koblenz nach London".

Durch die Rückfragen, die die Schülerinnen und Schüler an uns stellten, wurde uns letztendlich vor Augen geführt, dass man, entgegen aller gegenläufiger Tendenzen, die Brücke zwischen gymnasialem und universitärem Arbeiten ausbauen und stärken muss!

Aus diesem Grund sind wir dankbar, dass uns die Wissenschaftliche Buchgesellschaft durch die Aufnahme unserer Arbeit in ihr Verlagsprogramm in unserem Anliegen unterstützt.

Herr Daniel Zimmermann vom Lektorat Geschichte hat sich sehr dafür eingesetzt und darüber hinaus ein erhebliches Maß an Arbeit und Geduld in die Drucklegung investiert. Ihm und Herrn Siegfried Ritter, dem die Schlusskorrektur oblag, möchten wir an dieser Stelle ausdrücklich danken. Für die freundliche finanzielle Unterstützung unserer Arbeit danken wir dem Verein für Heimatkunde für Stadt und Kreis Bad Kreuznach und dem Förderverein des Gymnasiums an der Stadtmauer, in dessen Jahrgangsstufe 12 (2009/10) dieses Schulprojekt realisiert wurde.

Bad Kreuznach im Mai 2011 Die Herausgeber

Matthäus Merian, Ansicht der Stadt Bad Kreuznach um 1645. Bildausschnitt mit den Gebäuden des Franziskanerklosters St. Wolfgang, heute Gymnasium an der Stadtmauer

Karte

Nordsee
Ostsee
Schleswig
Kiel
Schleswig-Holstein
Rostock
Greifswald
Lübeck
Mecklenburg-Vorpommern
Bremerhaven
Hamburg
Schwerin
Elbe
Bremen
Niedersachsen
Neuruppin
NIEDERLANDE
Amsterdam
Utrecht
Arnheim
Emmerich
Nimwegen
Oder
Berlin
Hannover
Osnabrück
Sachsen-Anhalt
Potsdam
POLEN
Bielefeld
Magdeburg
Brandenburg
Rees
Xanten
Wesel
Nordrhein-Westfalen
Rheinberg
Dinslaken
Orsoy
Duisburg
Cottbus
Halle
Neuss
Düsseldorf
Leipzig
Zons
Hitdorf
Sachsen
Köln
Erfurt
Dresden
Bonn
Thüringen
Chemnitz
Remagen
Hessen
BELGIEN
Engers
Koblenz
Oberlahnstein
Boppard
St. Goar
Frankfurt
Hanau
Oberwesel
Flörsheim
Bacharach
Offenbach
Steinheim
Rüdesheim
Bingen
Mainz
Seligenstadt
Prag
Kolin
Rüsselsheim
Rheinland-Pfalz
Erlenbach
Pilsen
Iphofen
Mittelberg
Scheinfeld
Saarland
TSCHECHISCHE REPUBLIK
Mannheim
Neustadt
Waldmünchen
Neumarkt
Rötz
Jihlava
Heilbronn
Rhein
Bayern
Regensburg
Wörth a.d. Donau
Kelheim
Znaim
Ingolstadt
Bogen
Stuttgart
Neustadt a.d. Donau
Deggendorf
Neuburg a.d. Donau
Donau
FRANKREICH
Baden-Württemberg
Passau
Krems
Augsburg
Eferding
Linz
Melk
Wien
Pöchlarn
Freiburg
ÖSTERREICH
Bodensee
SCHWEIZ
Zürich
0 20 40 60 80 100 km

Anmerkungen

1 Zu Kurfürst Friedrich V. von der Pfalz (1596–1632) siehe ADB 7, S. 621–627, sowie NDB 5, S. 535 f. Die Schweden hatten Friedrich die heute nicht mehr vorhandene Kanzlei als provisorische Residenz zur Verfügung gestellt, vgl. dazu Lemberg, Königin, S. 42 f. sowie Springell, Connoisseur, S. 99, Anm. 47.

2 Nicht zuletzt aus diesem Grund wird man ihm eine Neigung zum katholischen Glauben nicht absprechen können. Zwar war er bereits 1615 vom katholischen zum anglikanischen Glauben konvertiert, doch hatte es damals nicht an Stimmen gefehlt, die ihm einen Übertritt aus Opportunismus unterstellten. Seine Zurückhaltung in religiösen Fragen hatte auch familiäre Gründe: Sein Großvater, der vierte Duke of Norfolk, war um 1572 als Mitglied der katholischen Opposition gegen Königin Elisabeth I. hingerichtet worden. Unter seiner maßgeblichen Beteiligung waren Pläne entwickelt worden, Maria von Schottland an Elisabeths statt zur Königin von England zu machen. Arundels Vater Philipp war trotz dieser Ereignisse katholisch geblieben. Ungeachtet verwandtschaftlicher Bindungen zum Königshaus fiel auch er in Ungnade und starb 1595 nach zehnjähriger Haft im Tower of London. Er wurde 1970 heiliggesprochen. Springell, Connoisseur, S. 1. Zu Thomas Earl of Arundel (1586–1646) siehe DNB 28, S. 73–76.

3 Wenzel Hollar (1607–1677) stammte aus Prag und gilt als einer der bedeutendsten deutschen Kupferstecher seiner Zeit. Um 1627 begab sich Wenzel Hollar nach Frankfurt am Main in die Lehre des schon damals berühmten Matthäus Merian und arbeitete dort an dessen „Topographien" mit. Hollars erste Bilder vom Rhein entstanden in den Jahren 1629 und 1630. Bald danach lebte er in Köln, arbeitete dort aber weiterhin für Merian und andere Verlage. 1629/30 ist eine Rheinreise überliefert. Bald danach wählte Hollar Köln als seinen ständigen Aufenthaltsort. Zwischen 1632 und 1634 hielt er sich aber auch in Mainz, Frankfurt und in den Niederlanden auf. Das Zusammentreffen mit Arundel in Köln veranlasste ihn, sich diesem anzuschließen und seinen Wohnsitz nach England zu verlegen, wo er bis 1644 die Kunstsammlungen des Earl betreute; siehe Online-Ressource im Anhang, vgl. Schäfke, Hollar, S. 12 f.

4 Siehe weiter hinten, S. 61 ff. Der Aufenthalt der Delegation in Augsburg lässt sich hingegen sicher nachweisen und ist auch recht zuverlässig beschrieben.

5 Leson, Hollar, S. 6. Nach Schäfke, Hollar, S. 12, lässt sich dies nicht sicher nachweisen. Sicher ist, dass Arundel Hollar sehr schätzte, schrieb er doch von Nürnberg aus: „I have one Hollarsse with me, who drawes and eches printes in strong water quickely, and with a pretty spiritte."

6 Vgl. Springell, Connoisseur, S. 3: „Many people in England […] questioned his motives, saying the embassy was the consequence of Arundel's unquenchable ‚Reiselust', or better still, the pretext of his ardent passion as a collector of art […]."

7 Springell, Connoisseur, S. 9–14, vgl. Theatrum Europaeum 3, S. 682.

8 Power, A Revised Chapter, S. 58; vgl. Springell, Connoisseur, S. 14 und 16, Anm. 33 f.

9 Auch der englische Universalgelehrte John Selden (1584–1654) sollte Arundel nach Deutschland begleiten, doch ist dessen Teilnahme an der Expedition nicht gesichert, siehe Springell, Connoisseur, S. 12.

10 Springell, Connoisseur, S. 10 f.: Edward Walker starb um 1677, John Borough bereits um 1643. Caisho Borough soll nach seiner Ankunft in Florenz eine Affaire mit

der Tochter des Großherzogs begonnen haben und deshalb nach England zurückgeschickt worden sein. Dieser Skandal wurde durch den englischen Autor John Aubrey (1626–1697) in dessen „Brief Lives" literarisch verarbeitet. – Weder Francis Windebank noch Sir William Howard (* 1614), späterer Viscount Stafford, sollten eines natürlichen Todes sterben: Windebank wurde während des Bürgerkrieges von einem Kriegsgericht zu Tode verurteilt und 1645 erschossen. Als Katholik wurde Sir William um 1680 auf dem Tower Hill wegen Hochverrat hingerichtet und 1929 als katholischer Märtyrer seliggesprochen.

11 Power, A Revised Chapter, S. 39, 45–53, 57. Zu Caspar Hofmann (1572–1648) siehe ADB 12, S. 635.

12 Zitiert nach ebd., S. 37.

13 Springell, Connoisseur, S. 11. Über die Beziehungen der Familie zur katholischen Kirche siehe weiter oben, Anm. 2.

14 Springell, Connoisseur, S. 13 f. Zu Johann Joachim von Rusdorf (1589–1640) siehe ADB 30, S. 1–3.

15 Mit Slavata traf Arundel im Juni 1636 in Linz und im August 1636 in Regensburg zusammen, vgl. weiter unten, S. 65, 71.

16 Herzog Maximilian I. (1573–1651) von Bayern, seit 1623 auch Kurfürst von der Pfalz, siehe NDB 16, S. 477–480. Da England die bayerische Kurwürde um 1636 noch nicht anerkannte, wird Maximilian in Crownes Bericht konsequent als Herzog und nicht als Kurfürst bezeichnet.

17 Zu König Gustav II. Adolf von Schweden (1594–1632) vgl. ADB 10, S. 189–212.

18 Theatrum Europaeum 3, S. 18.

19 John Taylor (1600[?]–1655) hielt sich bereits seit dem 28. 11. 1635 in Wien auf, um dort die Restitution des Pfalzgrafen zu betreiben. Von John Leslie, der aufgrund seiner Verwicklung in den Mord an Wallenstein beim Kaiser in hoher Gunst stand, wurde er bei Hofe eingeführt. Um den Krieg möglichst rasch zu beenden, setzte er sich in Wien für eine österreichisch-englische Allianz ein, fiel aber im Verlauf dieser Verhandlungen am Londoner Hof in Ungnade, weshalb er nach seiner Rückkehr nach England im Mai 1639 einige Monate im Tower inhaftiert wurde, siehe DNB 55, S. 438.

20 Über die Zurückhaltung Arundels schrieb Herzog Maximilian von Bayern an den Bischof von Wien, München, 14. 6. 1636: „Gleichwol ist auß obbedeiten avisen auch dies anzunemen, dass der graf von Arundel selbsten die sachen nit so gar für richtig hält, sondern sehr zweifelt, ob er, was sein könig bei Ihrer Kayserlichen Mayestät suechen und begehren lasst, werde erhalten könden" (BHStA München, Abt. II, Kasten schwarz, 101 E, zitiert nach Haan, Kurfürstentag, S. 107).

21 Haan, Kurfürstentag, S. 108 und 233–235. Zur Instruktion Arundels vom 1. 4. 1636 siehe den Text auf S. 87 und Gardiner, History 8, S. 158 ff.

22 Nach Theatrum Europaeum 3, S. 727 war der König von England „fast commovirt/dass deroselben Ambassador Herr Graff von Arondel zu Regensburg so überauß schlechte und gar nichtige Expedition hatte/sondern immer blößlich auffgehalten/und von einem zum andern rejicirt und verwiesen worden", weshalb man ihn auch zurückgerufen habe.

23 Zu Kaiser Ferdinand III. (1608–1657) siehe Höbelt, Ferdinand III., und ADB 6, S. 664–671. Da der Abschluss der Arundel-Mission noch vor der Kaiserkrönung am 15. 2. 1637 datiert, bezeichnet ihn Crowne in seinem Bericht als König von Ungarn. Diesen Titel trug Ferdinand bereits seit 1625.

24 Nach geltendem Reichsrecht war die Übertragung der pfälzischen Kurstimme an den Herzog von Bayern durch den Kaiser rechtswidrig und hätte nur von den Kurfürsten durchgeführt werden dürfen.

25 Haan, Kurfürstentag, S. 266 f., vgl. Gardiner, History 8, S. 202. Vgl. dazu Dickmann, Westfälischer Frieden, S. 377, der darauf verweist, dass die Haltung Richelieus in der pfälzischen Frage undurchsichtig blieb – zumal ein zwischen Frankreich und Bayern bestehendes Bündnis weiter intakt blieb.

26 Vgl. Theatrum Europaeum 3, S. 749. Durch den Protest der Generalstaaten veranlasst kam es auch hier zu einer Bekräftigung der bereits bestehenden englisch-niederländischen Allianz. Um dies zu unterstreichen, beschloss das Parlament in London, dem Prinzen von Oranien den englischen Hosenbandorden zu verleihen.

27 Haan, Kurfürstentag, S. 241. Zuvor hatte man über eine zwischen Bayern und den Pfalzgrafen alternierende Kurwürde verhandelt.

28 Hendrick van der Borcht d. J. entstammte einer nach Frankenthal emigrierten niederländischen Künstlerfamilie. Nachdem er um 1656 nach Deutschland zurückgekehrt war, arbeitete er als Kunstagent für den Kurfürsten von der Pfalz, siehe Springell, Connoisseur, S. 100–104, Anm. 53. Vgl. dazu die neueren Erkenntnisse in Online-Ressource im Anhang.

29 Zu Thomas Howard Earl of Arundel (1586–1646) siehe DNB 28, S. 75. Zu William Crowne siehe Springell, Connoisseur, S. 48–53.

30 Straße in London, früher Zentrum der englischen Druck- und Zeitungsindustrie.

31 Im Den Haager Exil bewohnte Elisabeth von der Pfalz (1596–1662), die Witwe des Winterkönigs, die von Crowne trotz Verlust ihrer Herrschaft konsequent als Königin (von Böhmen) bezeichnet wird, seit 1625 ein Palais am Kneuterdijk, den „Hof te Wassenaer" (Wassenaer Hof). Zuvor hatte das Haus dem um 1619 aufgrund seiner religiösen Auffassung hingerichteten Diplomaten und Remonstranten Johan van Oldenbarnevelt gehört, vgl. Lemberg, Königin, S. 29.

32 Nach Bechtold, Reise, S. 19, hatte Elisabeth die Reise Arundels ursprünglich nicht gutgeheißen, da sie diese für unvereinbar mit der englischen und pfälzischen Reputation hielt. Mit den Botschaftern von Frankreich, Venedig und Schweden sollte die Delegation auf dem Rückweg noch einmal zusammentreffen (siehe weiter hinten, S. 84).

33 Friedrich V. und Elisabeth von der Pfalz hatten insgesamt 13 Kinder, von denen um 1636 noch 10 am Leben waren. Bei den hier erwähnten Prinzen mag es sich um Karl Ludwig (1617–1680), Ruprecht (1619–1682), Moritz (1621–1652), Eduard (1624–1663) und Philipp (1627–1650) bzw. die älteren unter ihnen gehandelt haben. Ruprecht geriet 1638 gemeinsam mit Lord Craven, dem Berater der Pfalzgräfin, in kaiserliche Gefangenschaft. Er lebte bis 1641 als Staatsgefangener in Linz, blieb jedoch mit seiner Mutter und Lord Arundel in Kontakt. Vgl. Lemberg, Königin, S. 32, 48–50.

34 Die Residenz der Pfalzgräfin Elisabeth in Rhenen (Koningspaleis te Rhenen), in den Jahren 1630 bis 1631 im Auftrag des exilierten Pfalzgrafen Friedrich V. errichtet, lag zwischen der St. Cunerakerk und der westlichen Stadtmauer; vgl. dazu Lemberg, Königin, S. 38, die angibt, dass die Familie dort seit 1628 die Sommermonate verbrachte; siehe Online-Ressource im Anhang. Der Künstler Jan de Beyer stellte um 1745 eine Ansicht des Schlosses her.

35 Hier ist Friedrich Wilhelm von Brandenburg (1620–1688) gemeint, der spätere „Große Kurfürst". Auf Veranlassung seines Vaters, des Kurfürsten Georg Wilhelm

von Brandenburg, hatte man Friedrich Wilhelm mit 14 Jahren in die Obhut des niederländischen Statthalters Friedrich Heinrich von Oranien gegeben, damit dieser ihm eine Ausbildung unter relativ sicheren politischen Verhältnissen angedeihen lassen möge. Zu diesem Zweck hatte man dem Kurprinzen, der zugleich an der Universität Leiden studierte, eine kleine Hofhaltung in Arnhem eingerichtet. Um 1636 traf er in Den Haag seine damals erst 17-jährige Cousine Elisabeth von der Pfalz (1618–1680), die älteste Tochter des Winterkönigs, in die er sich sogleich verliebt haben soll. Aus politischen Gründen kam eine Ehe nicht zustande, doch hielt die aus dieser Begegnung resultierende Freundschaft bis zum Tode Elisabeths. Friedrich Wilhelm heiratete um 1646 Louise Henriette von Oranien, Tochter des niederländischen Statthalters. Elisabeth von der Pfalz war in ihren späteren Lebensjahren zunächst Koadjutorin und dann Äbtissin der lutherischen Reichsabtei Herford. Zu Friedrich Wilhelm von Brandenburg siehe ADB 7, S. 480–497; zu Elisabeth (Fürstäbtissin von Herford) siehe ADB 6, S. 22–28.

36 Xanten ist auf einem römischen Gräberfeld gebaut; die genannten Urnen waren nach Schenkenschanz gebracht worden.

37 Der kleine Ort Schenkenschanz ist heute ein Stadtteil von Kleve. Die Belagerung von Schenkenschanz durch die Truppen der Generalstaaten wird beschrieben im Theatrum Europaeum 3, S. 644 f. Dort ist auch der Wortlaut des am 29. April 1636 geschlossenen Kapitulationsvertrages abgedruckt, woraufhin die Spanier die Festung übergeben mussten.

38 Wilhelm Graf von Nassau-Siegen und Dillenburg oder Nassau-Hilchenbach (1592–1642). Wie viele seiner Verwandten stand er in niederländischem Kriegsdienst; vgl. ADB 43, S. 133, wo als Geburtsjahr 1591 angegeben wird.

39 Vgl. Keyser, Rheinisches Städtebuch, S. 404, der diese Seuche nicht nennt.

40 Nach Keyser, Rheinisches Städtebuch, S. 364, war Rheinberg eine kurkölnische Exklave, stand aber bis 1673 wechselweise unter spanischer oder niederländischer Besatzung. Erst 1633 hatten die Truppen der Generalstaaten der Vereinigten Niederlande die Stadt von den Spaniern zurückerobert.

41 Gemeint ist Wolfgang Wilhelm, Pfalzgraf von Pfalz-Neuburg und Herzog von Jülich-Berg (1578–1653), siehe ADB 44, S. 87–117.

42 „Hittorpe“ im Original, heute Stadtteil von Leverkusen.

43 Francis Windebank schrieb am 24. 4./4. 5. 1636 von Köln aus an seinen Vater, dass Köln die einzige Stadt in der Umgebung ist, die noch seuchenfrei sei. Da zwischen Köln und Frankfurt kaum Menschen überlebt hätten, würde der Earl sämtliche Vorräte im Konvoi mitführen; siehe Springell, Connoisseur, S. 98, Anm. 24. Auf den Zeichnungen, die Hollar von der Rheinreise anfertigte, sieht man, dass an dem Boot der Reisegruppe ein großes Floß mit Vorräten befestigt war.

44 Anselm Casimir Wambolt von Umstadt, Kurfürst und Erzbischof von Mainz (1583–1647). Der Kurfürst konnte einige Monate später, am 22. 6. 1636, in seine Residenzstadt Mainz zurückkehren, vgl. ADB 1, S. 479 f. Der Aufenthalt der englischen Delegation in Köln und deren Zusammentreffen mit dem Erzbischof von Mainz ist nach Springell, Connoisseur, S. 98, Anm. 24, in den Kölner Ratsprotokollen (HAStK, Ratsprotokoll 83, Bl. 239, vom 7. und 14. 5. 1636) vermerkt.

45 Hier bezieht sich Crowne auf die heutige Pfarrkirche St. Mariä Himmelfahrt, die von 1618 an als Jesuitenkirche errichtet wurde und sich um 1636 noch im Bau befand. Der im Text erwähnte Hochaltar dieser Kirche war im Jahr 1628 von Kurfürst Ferdinand gestiftet worden. Reich ausgestattet und mit einer Gesamthöhe von über

20 Metern ist er einer der bemerkenswertesten Altäre dieser Art in Köln, siehe Clemen, Kunstdenkmäler der Stadt Köln II/1, S. 130, 141 f.

46 Gemeint ist der Dreikönigsschrein im Kölner Dom.

47 Für den Reliquienschatz der Ursulakirche wurde in den Jahren 1643–44 die an das äußere südliche Seitenschiff angrenzende Goldene Kammer errichtet. Ein Jahr zuvor war der Lettner abgebrochen worden. Die von Crowne erwähnten Reliquienbüsten der 11 000 Jungfrauen werden im Chor aufgestellt gewesen sein. Der dort befindliche Hochaltar wurde 1642 neu umkleidet und trug einen gotischen Aufsatz mit drei Reliquienschreinen; siehe Clemen, Kunstdenkmäler der Stadt Köln II/3, S. 20, 43, 48–51, 75–91.

48 Der gotische Ursula-Sarkophag ist beschrieben und abgebildet bei Clemen, Kunstdenkmäler der Stadt Köln II/3, S. 55–57. Er stammt aus der ersten Hälfte des 15. Jahrhunderts und ist aus Drachenfelser Trachyt gearbeitet. Die Deckplatte aus Schiefer ziert eine Darstellung der Heiligen. 1659 wurde der von Crowne erwähnte Sarkophag in ein barockes Grabmal eingefasst. Deshalb blieb dieser bis zur Entfernung der früheren Füllungstafeln des Denkmals im Jahre 1898 für den Betrachter nicht sichtbar. Die „Goldene Kammer“ zur Aufbewahrung des reichen Reliquienschatzes der Kirche wurde erst 1643 gestiftet.

49 Die zu St. Ursula gehörigen Stiftsgebäude (Ursulakloster) lagen westlich der Kirche. Von diesen Gebäuden ist nichts mehr erhalten, siehe Clemen, Kunstdenkmäler der Stadt Köln II/3, S. 45 f. Die von Crowne erwähnten „Englisch Nunnes“ (Englische Fräulein oder Maria-Ward-Schwestern) unterhielten seit 1620 eine von Mary Ward gegründete Niederlassung in Köln. Nach Koldau, Frauen, S. 256 f., wurde Mary Ward (1585–1646) um 1627 persönlich vom bayerischen Kurfürsten nach München berufen, um dort eine Schule zu gründen. Ein Jahr später empfahl dieser sie weiter an Kaiser Ferdinand II., der die Englischen Fräulein nach Wien holte und dort in den Dienst der Gegenreformation stellte. Trotz oder vielleicht gerade aufgrund ihres großen Erfolges zwang Papst Urban VIII. die Englischen Fräulein im Jahre 1631, ihre Häuser aufzulösen. Dieses Verbot blieb – von einer einzigen Schule in München abgesehen – bis nach 1660 aktiv. Aus Crownes Andeutungen kann man daher schließen, dass sich die in Köln verbliebenen Englischen Fräulein vor 1636 den dortigen Ursulinen angeschlossen hatten.

50 Gemeint ist das Siebengebirge.

51 „Hermanstein“ im Original. Hierbei handelt es sich um eine heute nicht mehr gebräuchliche Bezeichnung des Ehrenbreitsteins, die bisweilen auf alten Kupferstichen zu finden ist.

52 Gemeint ist das in den Jahren 1626 bis 1629 errichtete Schloss Philippsburg unterhalb der Festung Ehrenbreitstein. Von der Anlage selbst sind – neben dem im 18. Jahrhundert von Balthasar Neumann ausgeführten Dikasterialbau – nur noch geringe Reste vorhanden. Crownes Information, dass der Kaiser dem Kurfürsten dieses Schloss geschenkt habe, lässt sich aus den Quellen nicht stützen, vgl. Schwickerath, Philippsburg, S. 40 f., mit Rekonstruktionszeichnung der heute verschwundenen Anlage.

Zu Philipp Christoph Reichsritter von Sötern (1567–1652), Erzbischof und Kurfürst von Trier, siehe ADB 26, S. 50–69, und NDB 20, S. 386–387: Aus Furcht vor den Schweden nahm Philipp Christoph 1632 ein Beistandsangebot der Franzosen an und gewährte ihnen – gegen die Zusage, die schwedische Neutralität zu vermitteln – Besatzungsrechte in Trier, Ehrenbreitstein und Philippsburg. Dies vertiefte die Gräben

zwischen ihm und dem Domkapitel und führte 1635 beim spanischen Überfall auf Trier zu seiner Verhaftung.
Nach Theatrum Europaeum 3, S. 640 f., hatten die Kaiserlichen die Stadt erst wenige Tage zuvor eingenommen. Oberlahnstein war am 8./18. 4. 1636 in kurbayerische Hände gefallen. Diese Truppen sollten das kaiserliche Heer bei der Belagerung des Ehrenbreitsteins unterstützen, was zur Folge hatte, dass die Dörfer unterhalb der Festung vollständig zerstört wurden.

53 Siehe zu Zeitangaben und Chronologie im Anhang, S. 119.

54 Die Burgen Rheinfels und Katz waren 1626 von einer spanischen Streitmacht unter kurkölnischem Kommando belagert und eingenommen worden, denn nach dem Willen des Kaisers waren die hessischen Gebiete am Mittelrhein dem kaisertreuen Landgrafen von Hessen-Darmstadt zu übereignen. Dass in Hessen-Darmstadt der lutherische Bekenntnisstand galt, störte dabei nicht weiter, sofern der mit Kurpfalz verbündete calvinistische Landgraf von Hessen-Kassel diese strategisch wichtigen Gebiete tatsächlich räumte. Als die spanischen Truppen St. Goar einnahmen und plünderten, sollen 172 Einwohner die Stadt verlassen haben. Dies wird mindestens ein Drittel der damaligen Bürgerschaft gewesen sein, vgl. Ritter, Konfession, S. 264, 601. In den Jahren 1635 und 1636 forderten die Pest, Blattern, Pocken, Typhus und die rote Ruhr (Krankheiten nicht genau bestimmbar) am Mittelrhein zahllose Todesopfer, vgl. Ritter, ebd., S. 281 f.; – Die Burg Katz wird im Originaltext als „Catzenelbogen Castle“ bezeichnet, da „Burg Neukatzenelnbogen“ der eigentliche Name der Burg ist, den der Volksmund zu „Burg Katz“ verkürzte.

55 Gemeint sind die Burg Stahleck und die bei der Sprengung der Burg im Jahre 1689 stark in Mitleidenschaft gezogene Wernerkapelle, heute eine Ruine. In Bacharach herrschten bereits seit 1597 (wie vermutlich am gesamten Mittelrhein) die Pest und die rote Ruhr in mehreren Epidemien, so beispielsweise in den Jahren 1603, 1612, 1620/21, 1624/25, 1632, vgl. Keyser, Städtebuch Rheinland-Pfalz, S. 63.

56 Hier dürfte Rheindiebach gemeint sein, zumal Hollar von diesem Ort eine Ansicht zeichnete.

57 Gemeint ist Erzbischof Hatto II. († 970), siehe NDB 8, S. 61, der einer Legende zufolge den Binger Mäuseturm hat erbauen lassen. Tatsächlich wurde dieser Anfang des 14. Jahrhunderts als kurmainzischer Wehr-, Wach- und Zollturm errichtet.

58 Crowne hatte hier wohl den „Karner“, das Beinhaus auf dem Friedhof südlich der St. Jakobskirche, besichtigt. Dieses Beinhaus ist wohl mit der um 1518 erbauten Michaeliskapelle identisch, die nach Göttert, Notizen, S. 2, Jahrhunderte lang auf dem Friedhof an der Südseite der Kirche als Beinhaus gedient hat. Als 1816 der Friedhof vor die Stadt verlegt werden musste, war dieses Beinhaus entbehrlich geworden und wurde abgerissen, vgl. dazu auch Keyser, Hessisches Städtebuch, S. 374.

59 Gemeint ist das Kurfürstliche Schloss, in dessen Kanzlei der Winterkönig am 29. November 1632 verstorben war. Nach Keyser, Städtebuch Rheinland-Pfalz, S. 266, waren in Mainz um 1635 während der Belagerung durch die Kaiserlichen etwa 700 Bürger gestorben – ohne Frauen und Kinder sowie die Seuchenverluste der schwedischen Besatzung. Damals wird Mainz zwischen 10 000 und 15 000 Einwohner gehabt haben.

60 Gemeint ist Gustavsburg, benannt nach König Gustav Adolf von Schweden. Mainz-Gustavsburg ist heute ein Stadtteil von Wiesbaden.

61 Francis Windebank schrieb am 5./15. 5. 1636 von Frankfurt aus an seinen Vater, dass zwischen Köln und Frankfurt keinerlei Lebensmittel zu kaufen seien. In dieser Ge-

gend sei der Hunger so groß, dass hier täglich Menschen mit Gras im Mund sterben würden. Der Bürgermeister von Frankfurt habe gesagt, dass hier inzwischen sogar Pferdefleisch als Delikatesse gelte, sofern man es überhaupt bekomme; zitiert nach Springell, Connoisseur, S. 99 f., Anm. 50. Nach Schindling, Wachstum und Wandel, S. 244 f., waren zwischen 1622 und 1646 in Frankfurt 38 678 Menschen gestorben, davon allein 6943 Menschen im Jahre 1636. Im gleichen Zeitraum hatte man nur 21 224 Geburten registriert – die normale Zahl der jährlichen Sterbefälle lag wohl deutlich unter tausend. Während um 1605 die Einwohnerzahl noch bei etwa 20 000 lag, lebten um 1645 nur noch etwa 13 000 Menschen in der Stadt, siehe dazu auch Keyser, Hessisches Städtebuch, S. 131 f. Seit Beginn der Religionskriege in den Niederlanden hatten in Frankfurt etwa 2000 Anhänger der reformierten Lehre Zuflucht gefunden. Die Ursachen dieser starken Sterblichkeit in den Jahren 1632 bis 1636 waren Hunger und Pest. Die Teuerung erreichte 1636 ihren höchsten Stand, so dass die Menschen Aas, Katzen und Hunde verzehrten. Zudem hielten sich wegen der Kriegsgefahr viele Flüchtlinge aus den umliegenden Dörfern in der Stadt auf. Auf das Jahr 1635 hatte der Rat eine Gedenkmünze prägen lassen, auf der über der Stadt ein Engel mit Zuchtrute abgebildet ist. Dabei stehen die Worte „Es ist genug“ (2 Sam 24,16).

62 Die beiden als Rathaus genutzten Häuser zum Römer und zum Goldenen Schwan sind erstmals um 1322 urkundlich nachgewiesen. Seit dem Ankauf dieser Häuser durch den Rat der Stadt Frankfurt im Jahre 1405 dienten diese einem dreifachen Zweck: als Sitzungsort für Rat und Gericht, als Stätte der deutschen Königswahl (seit 1562 auch der Krönung) und als Messehalle für die vornehmsten Messebesucher. Seit dem 15. Jahrhundert ist der Gebäudekomplex durch Zukauf rückwärtiger Häuser stetig erweitert worden, siehe Keyser, Hessisches Städtebuch, S. 126.

63 Gemeint ist der Frankfurter Dom St. Bartholomäus.

64 Der im Text verwendete Begriff „capouchins“ lehnt sich wohl an das ursprünglich italienische Wort „cappuccio“ an und meint hier den jüdischen Tallit (Gebetsmantel), der auch über den Kopf gezogen werden kann. Darüber hinaus mussten die Frankfurter Juden in der Öffentlichkeit eine besondere Kopfbedeckung tragen. Sie waren vom Grunderwerb ausgeschlossen und durften weder mit Lebensmitteln und Kleider noch mit Waffen und Werkzeugen handeln. Seit 1634 waren sie auch vom Getreidehandel ausgeschlossen. Daher beschränkte sich ihre wirtschaftliche Tätigkeit auf den Handel mit Altwaren und das Geldgeschäft, wo man ihnen gestattete, bis 8 % Zinsen zu nehmen, vgl. Springell, Connoisseur, S. 100, Anm. 52, weiterführende Literatur ebd.

Trotz des Fettmilch-Aufstandes von 1612 gegen die Frankfurter Judenschaft blieb deren Bevölkerungsanteil während des 17. Jahrhunderts bei leichter Abnahme zwischen 400 und 450 Haushaltungen konstant, siehe Keyser, Hessisches Städtebuch, S. 146 f.

65 Durch Pest und Hungertyphus während der Belagerung von 1635/36 hatte Hanau schätzungsweise ein Drittel seiner Bevölkerung verloren. Zur Erinnerung an die Befreiung von der Belagerung Lamboys im Jahre 1636 begeht die Stadt noch heute jährlich am 12. und 13. Juni das Lamboyfest. Lemberg, Königin, S. 110 f., druckt zwei Briefe der Pfalzgräfin Elisabeth vom 6./16. 7. und 24. 7. 1636 an den Landgrafen Wilhelm V. von Hessen-Kassel ab, in denen sie zur erfolgreichen Entsetzung Hanaus gratuliert.

66 In Klingenberg hatte die Pest 1635 400 Opfer gefordert, mehr als 50 % der gesamten Einwohnerschaft, siehe Keyser, Bayerisches Städtebuch 1, S. 301.

67 Gemeint ist Neunkirchen (Unterfranken). Über den Aufenthalt in Neunkirchen schrieb Francis Windebank am 19./29. 5. 1636 an seinen Cousin Robert Reade, dass man die Nacht auf einem Strohlager unter einer Hecke verbracht hätte, während der Earl in seiner Kutsche schlief. Das Stroh habe man in einer Scheune jenes völlig entvölkerten Dorfes gefunden. Danach sei man durch eine sehr schöne, doch ebenfalls fast menschenleere Gegend gezogen. Den wenigen Menschen, die man angetroffen habe, habe man Brot gegeben. Doch seien diese fast zu schwach gewesen, um es anzunehmen; zitiert nach Springell, Connoisseur, S. 104, Anm. 58.

68 Gemeint sind Reicholzheim an der Tauber, heute der größte Stadtteil der Kreisstadt Wertheim, und Neubrunn in Unterfranken.

69 Gemeint ist die Festung Marienberg.

70 Gemeint ist das Markgrafentum Brandenburg-Ansbach.

71 Lord William Craven, 1st Earl of Craven (1608–1697), war ein enger Vertrauter der pfalzgräflichen Familie und ein langjähriger Freund der Pfalzgräfin Elisabeth, vgl. Lemberg, Königin, S. 41 u. ö.

72 Am 24. 8. 1632 hatte König Gustav Adolf von Schweden vergeblich versucht, von Nürnberg aus Wallensteins Lager an der „Alten Veste“ bei Fürth zu stürmen. Nach Keyser, Bayerisches Städtebuch 1, S. 391, lebten um 1622 in Nürnberg ca. 40 250 Einwohner in 10 069 Haushaltungen. Um 1635 hatte sich – u. a. bedingt durch die Ruhr- und Pestepidemien von 1624, 1626/27, 1632 und 1634 – die Einwohnerzahl Nürnbergs etwa halbiert. Arundels Ankunft in Nürnberg erwähnt auch das Theatrum Europaeum 3, S. 659. Arundels Aufenthalt lässt sich nach Gümbel, Mission, passim, aus den Nürnberger Ratsakten detailliert rekonstruieren: Arundel residierte dort im Haus Ochsenfelder und erhielt vom Rat als Willkommensgeschenk 32 Flaschen Wein und Fisch. Während man ihm zur Stadtbibliothek und zum Zeughaus bereitwillig Zugang gewährte, zögerte man, ihm den in St. Lorenz befindlichen Engelsgruß zu zeigen, da das an einer Kette vom Gewölbe der Kirche hängende Kunstwerk vermutlich verhüllt war und nur mit einem gewissen Aufwand enthüllt werden konnte. Die im Heiliggeist-Spital befindlichen Reichsinsignien zeigte man ihm ebenfalls nicht – vermutlich um in diesen unsicheren Zeiten nicht unnötig Aufsehen zu erregen. Während seines Aufenthalts in Nürnberg besuchte Arundel gleich drei Mal die Imhoff'sche Kunstkammer am Egidienplatz mit der dort befindlichen Pirckheimer-Bibliothek, die er aufzukaufen wünschte. Da Hieronymus Imhoff aufgrund der katastrophalen wirtschaftlichen Verhältnisse dringend Geld benötigte, konnte der Earl die Bibliothek zu einem besonders günstigen Preis erwerben. Acht Bücher klassischer Literatur nahm er wohl direkt mit. Alle stammten aus dem späten 15. Jahrhundert und waren mit Miniaturen von Albrecht Dürer versehen. Siehe dazu Gümbel, Mission, passim; Springell, Connoisseur, S. 105–110, Anm. 60.

73 Gemeint ist das um 1588 errichtete Nürnberger Zeughaus.

74 Gemeint ist das ab 1583 errichtete Wasserwerk vor dem Frauentor, seit den 1680er Jahren auch Blausternwerk genannt. Dieses über ein Wasserrad betriebene System speiste einen Hochbehälter, von dem aus neben öffentlichen Brunnen auch eine Anzahl von Privathaushalten mit Wasser versorgt wurde. Um 1867 wurde das inzwischen als unrentabel geltende Werk endgültig stillgelegt. Der Sockel des niedergelegten Blausternwerks mit dem früheren Zufluss des Fischbachs ist erhalten und heute noch sichtbar, siehe Online-Ressource im Anhang.

75 Die im „Dom“ St. Lorenz befindliche, als „Englischer Gruß“ oder „Engelsgruß“

bekannte Holzplastik aus Lindenholz entstand 1517/18. Von Veit Stoß im Auftrag des Patriziers Anton Tucher hergestellt, zeigt das Kunstwerk die Verkündigung von Christi Geburt durch den Erzengel Gabriel an Maria. Die überlebensgroßen Figuren sind umrankt von musizierenden Engeln, die ihrerseits von einem Rosenblütenkranz umgeben sind, vgl. Fehring, Nürnberg, S. 86; Online-Ressource im Anhang.

76 Gemeint ist Neumarkt in der Oberpfalz. Das Schloss hatte ehedem den Pfalzgrafen gehört. Mit dem Fürstentum Kuroberpfalz war die Stadt um 1621/28 an Maximilian von Bayern gefallen. Die damit einhergehende Durchführung der Gegenreformation war um 1629 im Wesentlichen abgeschlossen. Um 1634 starben in Neumarkt 467 Menschen an der Pest, siehe Keyser, Bayerisches Städtebuch 2, S. 461–463.

77 Nach Keyser, Bayerisches Städtebuch 2, S. 252 f., war im Jahre 1634 fast die Hälfte der Bevölkerung Hemaus an der Pest gestorben. Um 1637 waren erneut 140 Pesttote zu beklagen.

78 Gemeint ist der Ortsteil Etterzhausen der Marktgemeinde Nittendorf im Landkreis Regensburg.

79 Nach Keyser, Bayerisches Städtebuch 2, S. 578 und 586, war die Stadt 1633 durch Bernhard von Weimar erobert und am 22. 7. 1634 durch kaiserliche und bayerische Truppen nach längerer Belagerung zurückerobert worden. Die im Zuge dieser Belagerung grassierende Pest hatte mehrere tausend Todesopfer gefordert. – Bei dem hier genannten König von Ungarn handelt es sich um den späteren Kaiser Ferdinand III., siehe weiter oben, Anm. 23.

80 Das Karthäuserkloster wurde bei der Belagerung der Stadt als Hauptquartier genutzt. Deshalb musste die Karthause in Prüll 1633/34 von den Mönchen verlassen werden und erlitt in der Folgezeit schwere bauliche Schäden und Plünderungen.

81 Gemeint ist Herzog Wilhelm V., der Fromme, von Bayern (1548–1626), siehe ADB 42, S. 717–723.

82 Im Jahre 1589 hatte man den Jesuiten das frühere Stift St. Paul eingeräumt. Die Weihe der Kirche fand 1592 statt.

83 Im Original: „Donastauff“, heute nur noch als Burgruine zu finden.

84 1641 wurde die unterhalb des Schlosses gelegene Ortschaft von den Schweden niedergebrannt. An dem im Kern mittelalterlichen Schloss wurde in den Jahrzehnten vor Ausbruch des Krieges noch gebaut. Nach Springell, Connoisseur, S. 111, Anm. 72, war die Burg 1634 von den Schweden zerstört worden.

85 Nach Keyser, Bayerisches Städtebuch 2, S. 648, starben in Straubing zwischen 1633 und 1635 über 1000 Menschen an der Pest. Das Stadtsteuerbuch von 1705 zählte 721 Anwesen, darunter – wohl bedingt durch die Geschicke der Stadt im Dreißigjährigen Krieg – noch etwa 60 Ruinen. Hier führte damals eine hölzerne Brücke über die Donau.

86 Die um 1295 erbaute und um 1463 nach einem Brand neu errichtete Wallfahrtskirche St. Maria Himmelfahrt auf dem Bogenberg gilt als älteste Marienwallfahrtskirche Bayerns.

87 Nach Keyser, Bayerisches Städtebuch 2, S. 137 f., war die Stadt um 1633/34 von den Schweden besetzt. Um 1634 wird von einer Pestepidemie berichtet.

88 Gemeint ist der Markt Winzer in Niederbayern. Mit der historisch nicht belegten Bezeichnung „Tawrino“ ist Burg Winzer gemeint, heute nur noch als Burgruine zu finden.

89 Im Original: „Ladies Chappell". Das oberhalb der Innstadt gelegene Kapuzinerkloster mit der Wallfahrtskirche Mariahilf wurde bereits in den Jahren 1624–1628 errichtet, doch zogen sich die Bauarbeiten an den Nebengebäuden bis 1636/38 hin. Für das dort verehrte Gnadenbild, die Kopie eines Lukas-Cranach-Gemäldes, hatte man bereits um 1622 eine einfache Kapelle gebaut, die sich wohl für die rasch einsetzende Wallfahrt als zu klein erwiesen hatte, vgl. Mader, Kunstdenkmäler, Passau III, S. 227–237.

90 Gemeint ist die überdachte Wallfahrtsstiege Mariahilf, die vom Neutorgraben in der Passauer Innstadt über 321 Stufen auf den Hof des Klosters Mariahilf führt. Die von Crowne vorgefundene überdachte hölzerne Wallfahrtsstiege von der Innstadt zur Kirche wurde durch den Stadtbrand von 1662 zerstört, wiederhergestellt und im 19. Jahrhundert schließlich in Stein ausgeführt, vgl. Mader, ebd.

91 Das von Crowne erwähnte „weitere Fort" ist die Veste Niederhaus unmittelbar an der Ilzmündung.

92 Gemeint ist die Passauer Ilzstadt. Nach Keyser, Bayerisches Städtebuch 2, S. 524, unterstand die Ilzstadt bis 1803 dem Domstift und war somit ein selbstständiges, vom Stadtrichter unabhängiges Gebiet. Damaliger Bischof war Leopold Wilhelm von Österreich (1614–1662), Bischof von Halberstadt, Magdeburg, Olmütz, Passau, Breslau und Straßburg. Um 1639 übertrug ihm sein Bruder den Oberbefehl über das kaiserliche Heer, von 1647 bis 1656 war er Statthalter der Spanischen Niederlande. Er war Jesuit und – wie Arundel – ein bedeutender Kunstmäzen, siehe ADB 18, S. 402–404. Mit Erzherzog Leopold Wilhelm sollte Arundel in Wien noch zusammentreffen, siehe S. 49.

93 Im Original: „Schaumberg", gemeint ist die Burgruine Schaunberg.

94 Nach dem Hofstaatsverzeichnis von 1637 handelt es sich um den Obersten Hofmarschall Leonhard Helfried von Harrach, siehe Online-Ressource im Anhang.

95 Von diesem Empfang in Linz am 14. 6. 1636 (neuer Stil) berichtet auch das Theatrum Europaeum 3, S. 672: „Den 14. Junii New. Calen. Ist der Englische Ambassador/Graff von Arundel/Mareschall deß Königreichs Engelland/mit einem stattlichen Comitat zu Lintz in Oesterreich ankommen/welchen Ihre Gn. Käyserl. Obrister Herr Hoff-Marschall beym Wasser an der Thonaw erstlich/darnach auch Ihr. Exzellentz Käyserlicher Herr Obrister Hoffmeister in dero Logiament stattlich empfangen haben. Selbiger hat Montags den 16. diß bey Ihrer Käserl. Mayest. Audientz gehabt. Ist von Käserl. Mayest. Kostfrey gehalten worden."

96 Im Original: „Count Megaw", gemeint ist: Leonhard Helfried von Meggau (1577–1644), seit 1628 Erblandhofmeister in Österreich ob der Enns, mit erheblichem Einfluss am kaiserlichen Hof, siehe ADB 21, S. 181.

97 Gemeint ist Bruno III., Graf von Mansfeld-Bornstädt (1576–1644), ADB 20, S. 221 f. Mansfeld war um 1600 zum katholischen Glauben konvertiert, siehe Online-Ressource im Anhang.

98 Im Original: „Father Lemmarman", gemeint ist der Jesuitenpater Wilhelm Lamormaini (1570–1648). Als Beichtvater des Kaisers hatte er besonderen Einfluss auf dessen strikt gegenreformatorische Politik, so vor allem bei der Vorbereitung des Restitutionsediktes von 1629, siehe ADB 17, S. 572 f.

99 Kaiserin Eleonora Gonzaga (1598–1655), die zweite Ehefrau von Kaiser Ferdinand II., siehe ADB 6, S. 644–664.

100 Im Original: „Count of Kezell", gemeint ist Graf Hanns Jakob Khiesel von Kalten-

brunn, Graf von Gottschee (1565–1638), um 1601 zum Katholizismus konvertiert, siehe ADB 15, S. 708.

101 Dieser Ort konnte nicht zuverlässig identifiziert werden. Nach Springell, Connoisseur, S. 112, Anm. 94, käme der östlich von Linz bei Lustenau gelegene Erabauer Hof in Frage oder die nicht mehr existente Ortschaft Ordach-Erdinger wenige Kilometer östlich von Linz. Das von Crowne geschilderte Ereignis bezieht sich auf das in der Nähe befindliche Frankenberg, wo man einige Wochen zuvor einen Aufstand unter der Führung des Prädikanten und Bauernführers Martin Aichinger (1592–1636) – auch Laimbauer genannt – niedergeschlagen hatte. Dabei wurde die Ortschaft vollständig niedergebrannt. Die letzten Getreuen Aichingers wurden in der Kirche eingeschlossen und nahezu alle getötet. Die wenigen, vom Linzer Scharfrichter in den Leichenhaufen bei der Kirche gefundenen Überlebenden wurden wie Vieh nach Linz getrieben, wo über Martin Aichinger ein Schauprozess eröffnet wurde, siehe NDB 13, S. 418 f., vgl. Theatrum Europaeum 3, S. 672. Die Hinrichtung, deren Zeugen Crowne und Hollar wurden, fand am 10./20. 6. 1636 auf dem Linzer Marktplatz statt.

102 Am 16./26. Juni 1636 berichtete Dr. Harvey an Lord Feilding in Venedig von diesem Bankett: „Yesterday my lord was feasted by the nobility att the house of the Count of Melan [gemeint ist Meggau], the cheife major-domo of his Majestie. We drunke hard, and had many expressions and so many good wishes. What will succeed is of noe less expectation and consequences then our desiers are to know it", zitiert nach Power, A Revised Chapter, S. 41. Nach Linzer Regesten B11 A19 Reg. 15 751 (zitiert nach Springell, Connoisseur, S. 111, Anm. 84) hatten die oberösterreichischen Stände am 18. 6. 1636 beschlossen, zu Ehren Arundels ein Bankett zu geben. Allerdings sollten die Kosten dafür so niedrig wie möglich gehalten werden.

103 Graf Wilhelm Slavata von Chlum und Koschumberg (1572–1652), seit 1628 Oberstkanzler von Böhmen. Slavata war eine der drei Personen, die bei dem Prager Fenstersturz von 1618 aus einem Fenster der Prager Burg geworfen worden waren, vgl. NDB 24, S. 496–499. Nach Springell, Conoisseur, S. 112, Anm. 95, war Slavata im Jahre 1598 am englischen Hof in Greenwich gewesen und hatte dort Elisabeth I. getroffen.

104 Die Burgruine Spielberg liegt ca. 1 km südwestlich von Langenstein. Die frühere, auf einer Donauinsel gelegene Wasserburg liegt heute in einer Auenlandschaft, 600 m vom Ufer entfernt.

105 1642 verwüstete ein großer Brand die Stadt. Die Greinburg befand sich seit 1621 im Besitz des Grafen von Meggau und wurde von diesem im Renaissancestil ausgebaut: Bemerkenswert ist hier vor allem die vollständig mit Kieselsteinmosaik bedeckte Sala Terrena, eine Art künstliche Grotte.

106 Der Ortsteil am „Strudel" heißt heute Struden. Das Schifferkreuz auf der Insel Wörth wurde 1552 errichtet.

107 Im Original: „Sturbuiz". Gemeint ist hier wohl Graf Conrad Balthasar Starhemberg (1612–1687), der damalige Eigentümer des Schlosses.

108 Die Herrschaft Dürnstein fiel an die Herren von Zelking. Diese starben 1609 aus.

109 Stein ist heute ein Stadtteil von Krems.

110 Gemeint ist Mautern an der Donau.

111 Tulln ist eine der ältesten Städte Österreichs, was unter anderem durch den am Donauufer befindlichen Römerturm und den spätromanischen Tullner Karner

neben der Pfarrkirche dokumentiert ist. Die römische Vorgängersiedlung hieß Comagena.

112 Im Original: „Griffopstein", heute eine Ruine.

113 Gemeint sind alle evangelischen Prediger, die sich während der Rekatholisierung Niederösterreichs geweigert hatten, ihrem Glauben abzuschwören.

114 Im Original: „Nustorffe", heute ein Stadtteil von Wien.

115 Kaiser Ferdinand II. hatte den Juden um 1625 gestattet, sich auf der „Heide" vor der Stadt niederzulassen. Nach deren Vertreibung durch Leopold I. im Jahre 1670 wurde dieser Bereich in Leopoldstadt umbenannt; siehe Springell, Connoisseur, S. 114, Anm. 110, mit weiterführender Literatur.

116 Gemeint ist Königin Maria Anna von Spanien (1606–1646), die erste Frau König Ferdinands III., der 1637 zum Kaiser gekrönt wurde, siehe Online-Ressource im Anhang. Zu Erzherzog Leopold siehe weiter vorne, Anm. 92.

Von dieser Audienz wird auch im Theatrum Europaeum 3, S. 697, berichtet. Hier heißt es, Arundel habe die ungarischen Grenzfestungen zu sehen begehrt und dem Erzherzog auch sein politisches Anliegen vorgetragen. Dieser habe ihn nach Rücksprache mit dem Conde de Oñate an den Regensburger Kurfürstentag verwiesen und auch den Kurfürsten von Bayern darüber informiert.

117 Das Virginal ist eine spezielle Bauform des Cembalos. Die von Crowne erwähnten zwei Häuser der Wiener Jesuiten bilden heute den Gebäudekomplex der „Alten Universität".

118 Das Professhaus der Wiener Jesuiten lag am Hof, der bis heute als einer der schönsten Plätze Wiens gilt. Bei der benachbarten Kirche handelt es sich um die Kirche am Hof (auch: Kirche zu den neun Chören der Engel).

119 Im Text „Prince of Ducardins", vermutlich Fürst Maximilian von Dietrichstein (1596–1655), Obersthofmeister der Kaiserin und Landeshauptmann von Mähren, siehe Springell, Connoisseur, S. 115, Anm. 114.

120 Bei Schloss Neugebäude handelt es sich um eine manieristische Schlossanlage im heutigen 11. Wiener Bezirk Simmering – damals vor den Toren der Stadt. Sie wurde von Kaiser Maximilian II. in Auftrag gegeben und steht dort, wo bei der Belagerung Wiens im Jahre 1529 Sultan Süleymans Zeltburg gestanden haben soll. Insofern sollte mit dem Bau, mit dem 1569 begonnen worden war, auch der Sieg der Habsburger über die Türken dokumentiert werden. Als die Delegation der Engländer das Schloss im Jahr 1636 besichtigte, waren einige Bereiche der Anlage bereits verfallen. Erst seit 2002 wird der verfallenen Anlage, die zwischenzeitlich auch als Arsenal und Fabrik genutzt worden war, wieder ein kulturhistorisches Interesse zuteil; siehe Online-Ressource im Anhang.

121 Hier bezieht sich Crowne vermutlich auf den damals noch vorhandenen inneren Garten des Neugebäudes, wie er auf einem Kupferstich Merians von 1649 noch zu sehen ist. Diese Gartenfläche dürfte in etwa vier Morgen bzw. Acres groß gewesen sein, während die heute noch vorhandenen äußeren Umfassungsmauern eine Fläche von etwa 400 Meter im Quadrat umfassen. Vergleiche dazu die Ausführungen im Anhang, S. 119.

122 Hier handelt es sich um das frühere kaiserliche Sommerschloss „Favorita" vor den Toren Wiens. Das Grundstück mit einem älteren Gut war um 1614 von Kaiser Matthias für dessen Frau Anna von Tirol erworben worden. Die damals geplante Schlossanlage konnte jedoch erst nach dem Tod des Kaisers von dessen Nachfolger Ferdinand II. in den Jahren 1622/23 realisiert werden. Um 1683 größtenteils zer-

stört, wurde das Schloss um 1687–90 neu erbaut. Nachdem die Habsburger den kaiserlichen Sommeraufenthalt nach Schönbrunn verlegt hatten, richteten die Jesuiten in der Favorita um 1746 eine Schule ein, die Maria Theresia 1749 in die Theresianische Ritterakademie umwandelte; siehe Online-Ressource im Anhang.

123 Im Original: „Swamb“, heute Znojmo.

124 Im Original „Bodewich“, heute Moravské Budejovice.

125 Im Original „Bernetz“, heute Brtnice.

126 Im Original „Iglo“, heute Jihlava.

127 Im Original „Stickey“, heute Štocky.

128 Im Original „Haybeireitz“, hier ist wohl Svatý Kříž (Heilig Kreuz) an der Straße zwischen Štocky und Havlíčkův Brod gemeint.

129 Im Original „Dutchbrade“, heute Havlíčkův Brod.

130 Im Original „Holebrunn“, heute Habry.

131 Im Original „Shasshaw“, heute Čáslav. Jan Žižka von Trocnov, hier: „John Ziska“ (1360–1424) war der bedeutendste Heerführer der Hussiten. Bei der Rekatholisierung Böhmens ab 1623 hatte Kaiser Ferdinand alle noch intakten Gedenkstätten an diesen evangelischen Nationalhelden beseitigen lassen. Von Daniel Meißner ist eine Stadtansicht von Čáslav mit dem Žižka-Grab erhalten.

132 Böhmischer Nationalheld und Vorkämpfer Martin Luthers in vorreformatorischer Zeit (1370 oder 1371–1415), siehe NDB 19, S. 262. Kaiser Sigismund (1368–1437), der zugleich König von Böhmen war, ließ Jan Hus auf dem Konstanzer Konzil hinrichten, nachdem er ihm zuvor freies Geleit zugesichert hatte. Siehe dazu ADB 34, S. 267–282.

133 Im Original „Cettenburgh“, heute Kutná Hora.

134 Im Original „Colen“, heute Kolín.

135 Im Original „Bemishbrade“, heute Český Brod.

136 Hier ist vermutlich der Pulverturm gemeint. Möglicherweise residierte Arundel im Königshof in der Prager Altstadt, siehe Springell, Connoisseur, S. 116, Anm. 126.

137 Gemeint ist die Karlsbrücke, erbaut in den Jahren 1346–1378.

138 Gemeint ist die Prager Burg, der Hradschin.

139 Gemeint ist der spätgotische Wladislawsaal, in dem auch Märkte und Reiterwettkämpfe abgehalten wurden.

140 Gemeint ist der zweite Prager Fenstersturz. Einer der drei aus dem Fenster gestürzten Räte war Wilhelm Slavata, den die englische Delegation bereits in Linz getroffen hatte, siehe weiter unten, S. 65, 71.

141 Die Kunstsammlung Kaiser Rudolfs war in ganz Europa bekannt. 1648 wurde sie von den Schweden geplündert. Reste dieser Sammlung befinden sich heute in Stockholm und Wien, vgl. dazu die Erläuterungen bei Springell, Connoisseur, S. 117–122, Anm. 136–144.

142 Nach Springell, Connoisseur, S. 117, Anm. 137, handelt es sich wohl um das heute noch in der Wiener Schatzkammer befindliche „Einhorn“, das aus dem Zahn eines Narwals gefertigt worden ist.

143 Gemeint ist der Codex Gigas, eines der größten Manuskripte der Welt. Die Bezeichnung „Teufelsbibel“ rührt von einer Illustration des Teufels in dem Codex her. Als Kriegsbeute um 1648 von den Schweden konfisziert, befindet sich das Buch heute in der Kungliga Biblioteket in Stockholm. Nach einer Legende wurde der Kodex von einem Mönch geschrieben, der die Disziplinregeln gebrochen haben und deshalb dazu verurteilt worden sein soll, lebendig eingemauert zu werden.

Damit ihm diese harte Strafe erlassen werde, versprach er, zur Lobpreisung des Klosters in einer einzigen Nacht ein Buch zu schreiben, das das gesamte menschliche Wissen enthalten sollte. Nahe Mitternacht erkannte er, dass er diese Aufgabe nicht allein erledigen konnte und verkaufte dem Teufel seine Seele. Der Teufel vervollständigte das Manuskript, und der Mönch fügte das Bild des Teufels hinzu, um so auf den wahren Autor hinzuweisen; zitiert nach Online-Ressource im Anhang.

144 Gemeint ist der Prager Veitsdom.

145 Johannes Nepomuk (~ 1350–1393), böhmischer Priester und Märtyrer, 1729 heiliggesprochen. Zu König Wenzel von Böhmen (1361–1419) siehe ADB 41, S. 726–732.

146 Gemeint ist der seit 1534 angelegte Königsgarten unterhalb der Prager Burg. Hier wurden seltene Bäume und Sträucher gepflanzt sowie angeblich die ersten europäischen Tulpen gezogen – ein Geschenk des türkischen Sultans. Das im Garten befindliche Lustschloss Belvedere ist in den Jahren 1538–1560 errichtet worden und ganz im Stil der Renaissance ausgeführt.

147 Gemeint ist wohl Dionysio Miseroni (1607–1661), Schatzmeister der Prager Burg und Kustos der Rudolfinischen Kunstsammlungen; siehe dazu Springell, Connoisseur, S. 122, Anm. 147.

148 Im Original: „Friarie of white Friars", dies als Hinweis auf die weiße Ordenstracht der Prämonstratenser. Crowne bezieht sich daher vermutlich auf das Prämonstratenserkloster Strahov, vgl. Springell, ebd., Anm. 148.

149 Zu General Albrecht von Wallenstein, Herzog von Friedland (1583–1634), siehe ADB 45, S. 582–641. Das unterhalb der Prager Burg gelegene Wallensteinpalais war 1623–1630 im Auftrag des Feldherrn errichtet worden. Unmittelbar nach seiner Ermordung im Jahre 1634 hatten es die kaiserlichen Behörden für Ferdinand, König von Ungarn und späteren Kaiser, beschlagnahmt. Heute ist es Sitz des tschechischen Senats.

150 Diesen Maßen zufolge dürfte es sich hier um die Loggia des Wallenstein-Palais gehandelt haben.

151 Hier ist vermutlich der sog. „Mythologische Gang" gemeint, der u. a. mit Szenen aus Ovids Metamorphosen geschmückt ist.

152 Crowne hat hier die im Audienzzimmer dargestellten Allegorien der vier Tageszeiten und den damit korrespondierenden vier Weltaltern bei Ovid falsch gedeutet.

153 Der Neptunsbrunnen wurde von dem Adriaen de Vries entworfen und nach dessen Tod im Jahre 1626 von dessen Schülern fertiggestellt. 1648 wurden die meisten dieser Statuen von den Schweden geraubt. Sie befinden sich heute im Park von Schloss Drottningholm in Schweden. Die Grotte an der Südwand des Parks ist erhalten. Vgl. dazu auch die Ausführungen bei Springell, Connoisseur, S. 122, Anm. 150.

154 Gemeint sind der im Dienst des Kaisers stehende irische Offizier Walter Graf Butler (1600–1634), vgl. NDB 3, S. 79 f., sowie die schottischen Barone John Gordon († 1649), siehe ADB 9, S. 372 f., und Walter Leslie (1607–1667), siehe NDB 14, S. 331 f. Als kaiserlicher Feldmarschall wurde Leslie 1637 in den Reichsgrafenstand erhoben und war später als Kämmerer und Hofkriegsrat Mitglied des Wiener Hofstaates. Diese britischen Söldner waren meist iroschottische Exilkatholiken, die auch als „Wildgänse" bezeichnet wurden, vgl. dazu Worthington, Scots, passim. Vgl. dazu auch die Ausführungen bei Springell, Connoisseur, S. 123, Anm. 153, der dazu einen Brief aus Arundels Feder zitiert.

155 Hier handelt es sich um Peter Wadding S. J. (1581–1644), der von 1629–1644 Kanz-

ler der Prager Universität war. Das Prager Jesuitenkolleg wird auch „Clementinum“ genannt. Es wurde um 1555/56 auf Veranlassung von Papst Paul IV. gegründet.

156 Die folgenden „Regieanweisungen“ sind im Original in lateinischer Sprache mit englischer Übersetzung abgedruckt. Nach Springell, Connoisseur, S. 124, Anm. 156, berichtete Arundel in verschiedenen Briefen nach England von dieser Aufführung. Auch König Karl I. erhielt eine von ihm verfasste Zusammenfassung der Handlung.

157 Griechische/römische (Astraia) Göttin der Gerechtigkeit, Tochter des Zeus/Jupiter.

158 Römische Kriegsgöttin.

159 Gemeint ist die Schlacht am Weißen Berg am 8. 11. 1620, in der die böhmischen Stände unter der Führung des „Winterkönigs“, des Kurfürsten Friedrich V. von der Pfalz, von einem kaiserlich-bayerischen Heer geschlagen worden waren. Daraufhin hatte Friedrich fliehen müssen und Kaiser Ferdinand II. konnte seinen Anspruch auf die böhmische Krone durchsetzen.

160 Im Original: „Beroum“, heute Beroun.

161 Heute Mýto.

162 Heute Plzeň.

163 Im Original: „Misen“, heute Mže; „Glatow“, heute Klatovy, eine Stadt 40 km südlich von Plzeň. Crowne meint hier die Uhlava, Quellfluss der Radbuza, an der auch Klattau liegt. Der von Crowne unter dem Namen „Pilsen“ identifizierte Fluss ist die Berounka, die in Pilsen durch Vereinigung von Mies (Mže), Angel (Uhlava) und Radbusa (Radbuza) entsteht.

164 Im Original „Swabe“, heute Stod. Nach der berní rula (Steuerrolle) von 1654 hatte die Stadt nach dem Krieg nur noch 230 steuerpflichtige Untertanen, siehe Online-Ressource im Anhang.

165 Im Text „Bishopsteine“, heute Horšovský Týn. Die Grafen von Lobkowitz hatten die Burg im Stil der italienischen Renaissance aufwendig ausbauen lassen. Nach dem erfolglosen Aufstand der böhmischen Stände im Jahre 1620 wurde sie jedoch durch den königlichen Fiskus konfisziert. Graf Wilhelm wurde gefangen gesetzt und entging nur knapp der Hinrichtung. 1622 erwarb der steirische Graf Maximilian von Trauttmansdorff (1584–1650) das Schloss. Im Auftrag des Kaisers handelte Trauttmansdorff – im Text: „Dorfmastaff“ bzw. „Traufmistorf“ – 1635 den Prager Frieden aus, vgl. ADB 38, S. 531–536.

166 Graf Peter Ernst II. von Mansfeld (1580–1626) war ein Söldnerführer im Heer der protestantischen Union, siehe ADB 20, S. 222–232.

167 Waldmünchen lag an der Heer- und Handelsstraße Nürnberg-Prag und hatte seit 1621 erheblich unter Truppendurchzügen zu leiden. Bei einem verheerenden Stadtbrand im Jahre 1633 wurden 72 Häuser vernichtet, um 1635 noch einmal 27 Häuser. 1634 forderte die Pest im Bereich der Pfarrei Waldmünchen etwa 1000 Tote, siehe Keyser, Bayerisches Städtebuch 2, S. 712.

168 1633 und 1634 waren die Schweden in Bruck eingefallen und hatten den Ort derart verwüstet, dass die meisten Bewohner betteln gehen mussten, und es dort zeitweise keine zehn Untertanen gegeben habe, die nicht von Soldaten zu Krüppeln geschlagen worden seien, so der damalige Chronist des Ortes. 1638, 1639 und 1648 wurde der Ort erneut eingeäschert. Die Pfarrkirche wurde erst 1668 wieder hergestellt, siehe Online-Ressource im Anhang.

169 Gemeint ist Joachim Friedrich Freiherr von Blumenthal (1609–1657), brandenburgischer Gesandter auf dem Kurfürstentag in Regensburg, vgl. ADB 2, S. 752–754; sowie Haan, Kurfürstentag, passim.

170 Hier beginnt eine Passage in Crownes Bericht, die in vielerlei Hinsicht weder den topographischen, noch den historischen Gegebenheiten entspricht. Während Neustadt an der Donau als Etappe noch zuverlässig zu identifizieren ist, verwechselt er den Lech aus unbekannten Gründen mit der im Westen Russlands gelegenen Wolga. Möglicherweise hat Crowne an dem Abstecher nach Augsburg selbst nicht teilgenommen und hat die ihm später in Regensburg übermittelten Informationen aus literarischen Quellen unterschiedlicher Provenienz und Qualität ergänzt. Nach Springell, Connoisseur, S. 125, Anm. 166, gibt es im Augsburger Stadtarchiv keinerlei Quellen, die Arundels Aufenthalt in Augsburg belegen.

171 Stadt im Osten Frankreichs. Ab diesem Punkt ist die Reise Arundels und Crownes über Augsburg und Ingolstadt bis zur Rückkehr nach Regensburg in keinster Weise mehr nachvollziehbar.

172 Wahrscheinlich ist hier Numantia gemeint. Die Eroberung der Stadt durch Scipio Aemilianus beendete im Jahre 133 v. Chr. den Spanischen Krieg zwischen Römern und Keltiberern. Möglicherweise bediente sich Crowne hier der literarischen Vorlage von Miguel Cervantes: „El cerco de Numancia" (1585).

173 Crowne bezieht sich hier auf die Belagerung der Stadt Dole in Burgund. Diese begann am 27. 5. 1636 und ist in Theatrum Europaeum 3, S. 651, in Wort und Bild dargestellt.

174 In den Jahren 1634/35 waren in Augsburg über 11 000 Personen gestorben. Ursache dafür war eine Hungersnot infolge der im Oktober 1635 einsetzenden Belagerung der Stadt durch kaiserliche und bayerische Truppen. Die fast zwei Monate andauernde völlige Blockade der Stadt war erst im März 1635 zu Ende gegangen. Im September 1635 lebten in Augsburg nur noch 16 432 Menschen, davon drei Viertel Protestanten. Seit Kriegsbeginn hatte die Stadt nahezu zwei Drittel ihrer Einwohner verloren, siehe Zorn, Augsburg, S. 258 f.

175 Antiker Name des Flusses Don im Südwesten Russlands; gemeint ist trotz der Verwechslung wohl die Wertach.

176 Gemeint ist hier wohl der Lech (lateinisch: „Licus"), welcher im Osten Augsburg (ehemaliger römischer Name: „Augusta Vindelicorum") durchfließt.

177 Im Original: „Vindix"; römischer Senator und Statthalter einer Provinz in Gallien.

178 Das von Elias Holl geplante Augsburger Rathaus wurde 1615 bis 1624 errichtet, siehe Zorn, Augsburg, S. 247–250.

179 Crowne beschreibt hier die von acht Pfeilern getragene Eingangshalle des Rathauses („Unterer Fletz") mit den dort befindlichen Kaiserbüsten, wobei unter den von ihm genannten Persönlichkeiten nur Augustus, Tiberius und Nero dort auch dargestellt sind. Bei dem auf dem ersten Stock gelegenen zweiten beschriebenen Raum muss es sich um den von acht korinthischen Säulen getragenen sog. „Oberen Fletz" handeln, bei dem freitragenden Saal um den sog. „Goldenen Saal". Die von Crowne beschriebene künstlerische Ausgestaltung weicht stark von den tatsächlichen Gegebenheiten ab, lediglich das von ihm genannte Bildnis des Lykurg lässt sich in der Ratsstube neben dem „Oberen Fletz" wiederfinden, vgl. Walter, Rathaus, S. 49–59.

180 An dieser Stelle fehlt ein Teil des Berichts Crownes.

181 Die von Crowne aufgelisteten Namen passen in keinen zeitlichen Zusammenhang, er nennt scheinbar sowohl Namen römischer, byzantinischer und deutscher Kaiser, makedonische und griechische Feldherren und Politiker, einen Papst sowie eine Figur der griechischen Mythologie, auch wenn manche nicht mit Sicherheit eingeordnet werden können.

182 Hier nennt Crowne weitere antike, vorwiegend griechische Persönlichkeiten, darunter Politiker, Feldherren, Gesetzgeber, aber auch Philosophen.

183 Hier wird der an dieser Stelle häufige chronologische Konflikt noch einmal besonders klar: Apelles war ein griechischer Maler der Antike (~ 4. Jh. v. Chr.), der Italiener Michelangelo (1475–1564) war zum Zeitpunkt der Fertigstellung im Jahre 1624 ebenfalls schon lange verstorben.

184 Hier bezieht sich Crowne wohl auf den erst vor wenigen Jahren vollständig wiederhergestellten Goldenen Saal des Augsburger Rathauses.

185 Raffael da Urbino (1483–1520), ein weiterer italienischer Maler der Hochrenaissance, welcher zu besagtem Zeitpunkt schon seit mehr als einem Jahrhundert gestorben war.

186 Der Augustusbrunnen auf dem Rathausplatz wurde 1589 bis 1594 von dem Niederländer Hubert Gerhard geschaffen. Gerhards Landsmann Adriaen de Vries gestaltete ab 1596 die anderen Kunstbrunnen auf der Maximilianstraße: den Merkur- und den Herkulesbrunnen, siehe Zorn, Augsburg, S. 243 f. Crownes Beschreibung der drei Brunnen ist jedoch – wie auch die Beschreibung des Rathauses – sehr fiktiv: So ist der Augustusbrunnen lediglich von vier Gottheiten umgeben und die Hydra des Herkulesbrunnens hat lediglich sieben Köpfe. Zudem ist die Statue des Halbgottes ohne Löwenfell dargestellt. Vgl. dazu Springell, Connoisseur, S. 124 f., Anm. 164.

187 Gemeint ist das von Elias Holl zwischen 1602 und 1607 errichtete Zeughaus, siehe Zorn, Augsburg, S. 244, 246.

188 Crowne meint hier die Fuggerhäuser in der Maximilianstraße, errichtet zwischen 1512 und 1515 als Residenz der Familie Fugger, siehe Zorn, Augsburg, S. 187 f.

189 Neuburg an der Donau, im Text: „Niburg". Möglicherweise führte die Route über Bissingen nach Neuburg, da von Bissingen zwei Zeichnungen Hollars existieren, die im Zusammenhang mit dieser Reise entstanden sein dürften, vgl. Springell, Connoisseur, S. 191, Katalog Nr. CI und CII.

190 Im Text: „Boristines" (russisch: „Dnepr") in der Ukraine, was aber letztlich so unerklärlich ist wie der ebenfalls genannte, im Westen Griechenlands gelegene Epirus.

191 Nach Keyser, Bayerisches Städtebuch 2, S. 269, hatte dort die Pest um 1628 und 1635 gewütet. Die im Text erwähnte Landschaft „Mesia" (Moesien) liegt südlich der Donau und wurde zur Römerzeit von Thrakern bewohnt. Der ausgestopfte „Schwedenschimmel", von dem hier die Rede ist, befindet sich heute im Stadtmuseum Ingolstadt und gilt als ältestes europäisches Präparat eines Tieres. Nur wenige Monate jünger ist der im Reichsmuseum Stockholm ausgestellte „Streiff", das Pferd, auf dessen Rücken König Gustav Adolf von Schweden am 6. 11. 1632 in der Schlacht bei Lützen den Tod fand. Dort „fiel" auch das Pferd Wallensteins. Dessen Präparat ist heute im Bezirksmuseum Cheb (Eger) ausgestellt, dem Haus, in dem der Feldherr am 25. 2. 1634 ermordet worden war. Siehe dazu Online-Ressource im Anhang, sowie Kuhn, Schweden, passim.

192 Vermutlich Matthias I. Corvinus von Ungarn (1443–1490), vgl. NDB 16, S. 407–409.

193 Im Text: „Harshers". Die Arcièren oder Hartschiere (von ital. Arciere: Bogenschütze, Leibwächter) bildeten die kaiserliche Leibgarde.

194 Gemeint ist der Bischofshof am Dom, vgl. dazu Mader, Kunstdenkmäler, Regensburg III, S. 116–124. Der Kaiser residierte meist im Bischofshof oder – seit dem 16. Jahrhundert – auch im Haus „Zum Goldenen Kreuz", vgl. ebd., S. 181 f. und

159 f. Die dort noch befindliche Stuckdecke von ca. 1650 mit den Sinnbildern der vier Elemente (Adler, Hirsch, Delphin und Salamander) zeugt von dieser Tradition. Einen detaillierten Bericht von der Eröffnung des Kurfürstentages bietet auch das Theatrum Europaeum 3, S. 680–682.

195 Im Text: „Conde d'Oniato". Gemeint ist Iñigo Vélez de Guevara, Conde de Oñate (1566–1644), spanischer Sondergesandter am kaiserlichen Hof in Wien, vgl. Springell, Connoisseur, S. 126, Anm. 167.

196 Am gleichen Tag teilte Joachim von Rusdorf, der in Arundels Gefolge reisende Gesandte der Pfalzgräfin, seiner Herrin mit, dass Arundel es ablehne, ihm Einblick in dessen politische Korrespondenz zu gestatten. Rusdorf beklagte sich bei dieser Gelegenheit darüber, dass er es hier mit Leuten zu tun habe, die ihrer Aufgabe so gar nicht gewachsen seien (Pfälzische Relation vom 9. 8. 1636, BHStA München, Abt. II, Kasten schwarz, 10282, nach Haan, Kurfürstentag, S. 100).

197 Anselm Casimir Wambolt von Umstadt, siehe weiter vorne, Anm. 44.

198 Der polnische Gesandte am Reichstag in Regensburg war Fürst Jerzy (deutsch: Georg) Ossoliński (1595–1650), einer der herausragenden Diplomaten seiner Zeit. Vom polnischen König hatte er den Auftrag erhalten, mit Arundel und dem venezianischen Gesandten eine gemeinsame Position in den künftigen Friedensverhandlungen zu erarbeiten, vgl. Theatrum Europaeum 3, S. 681. Vor diesem Hintergrund eröffnete Ossoliński noch in Regensburg die Verhandlungen über eine Heirat des polnischen Königs Władysław IV. Wasa (1595–1648) mit Cäcilia Renate (1611–1644), einer Tochter des Kaisers, siehe Springell, Connoisseur, S. 126, Anm. 170.

199 Der venezianische Gesandte in Regensburg war Giovanni Battista Ballarino. Der Gesandte des Großherzogtums Toskana war der Malteser-Ritter Ugolino Griffoni, siehe Springell, Connoisseur, S. 126, Anm. 171 und 172.

200 Anton Franz Wolfradt, Hofkammerpräsident und Fürstbischof von Wien (1581–1639). Wolfradt stammte gebürtig aus Köln und war Sohn eines Schneiders, vgl. ADB 55, S. 389–396. – Hier wird es sich um den späteren Herzog Felix Pallavicini (im Text: „Marquis Palavicino") handeln, der um 1655 Reichshofrat Kaiser Ferdinands II. war, siehe Online-Ressource im Anhang, vgl. auch HHSta Wien, MEA Reichshofrat 5–5: Empfehlung des Markgrafen Felix Pallavicini zum Reichshofrat (1630–1669).

201 Gemeint ist die sog. „Alte Kapelle", eine in der Karolingerzeit errichtete Pfalzkapelle und Stiftskirche, vgl. Mader, Kunstdenkmäler, Regensburg II, S. 14 f. Erst 1609 war die Alte Kapelle umfassend restauriert sowie mit hochwertigen geschnitzten und vergoldeten Altären ausgestattet worden. Die von Crowne beschriebene kaiserliche Aufwartung sollte wohl die historische Bedeutung dieser Kirche als kaiserliche Pfalzkapelle und traditionell älteste Kirche Bayerns unterstreichen.

202 Gemeint ist Don Baltazar de Marradas et Vique (1560–1638), ein spanischer Adliger, der als Feldherr, Kommandant der kaiserlichen Hartschiergarde (siehe weiter vorne, Anm. 193) und böhmischer Statthalter in kaiserlichen Diensten stand. Marradas war 1634 einer der Drahtzieher der Ermordung Wallensteins, siehe ADB 20, S. 421–428, vgl. Springell, Connoisseur, S. 127, Anm. 176.

203 Das Theatrum Europaeum 3, S. 682, berichtet, Arundel habe bereits im Juli seinen Stallmeister, den Freiherrn Anton Lampelung (nach den Berichten der Engländer: Lumplugh) mit seinem Trompeter (William Smith) und einer größeren Geldsumme nach England schicken wollen. Tatsächlich hatte Arundel sie mit einer größeren

Geldsumme voraus nach Nürnberg geschickt, um dort Kunstobjekte für die Sammlungen des Earl einzukaufen. Nach Crownes Angaben seien sie auf dem Rückweg von Nürnberg nach Regensburg ermordet worden, wo sie Arundel über den erfolgten Kauf hätten berichten sollen. Die Leichen habe man nach Angaben der Stadtverwaltung jedoch im Sebalder Reichswald nördlich von Nürnberg gefunden und die Schuldigen nicht fassen können. Nach Springell, Connoisseur, S. 127, Anm. 179, schrieb Arundel seinem Freund William Petty am 8.9.1636 von diesem Vorfall, der auch in den Sitzungsprotokollen des Nürnberger Rats vermerkt ist. Dieser tat alles nur Erdenkliche, um den Mord aufzuklären, um keine diplomatischen Schwierigkeiten zu provozieren. In einem weiteren Brief an Francis Windebank in London berichtete John Borough davon, wie barbarisch man die Ermordeten zugerichtet hatte: „Mr Lumplugh, having all his body beaten black and blue, was shot through the head with a pistol; Mr. Smith had one of his eyes beaten out, and his head cut off, save that it hung by a little part of skin; the guide had his head cleft almost to his ears", zitiert nach Springell, ebd., vgl. Gümbel, S. 108–110.

204 Gemeint ist der Jurist Dr. Justus Gebhard, Hofrat des Kaisers, vgl. Springell, Connoisseur, S. 128, Anm. 180; sowie Online-Anhang. – Er und Anton Franz Wolfradt, Bischof von Wien, eröffneten Arundel an jenem oder dem Morgen des folgenden Tages die Resolution des Kaisers zur pfälzischen Frage, vgl. Haan, Kurfürstentag, S. 235. Der Bericht der beiden Räte vom 11./12.9.1636 (neuer Stil) ist erhalten im HHStA Wien, Staatskanzlei, Palatina 7b, Jg. 1633–1636, sowie im BHStA München, Abt. II, Kasten schwarz 101.

205 Klosterkirche Heilig-Kreuz, Dominikanerinnen-Kloster in Regensburg.

206 Am 15. 9. 1636 (neuer Stil) wurde der Regensburger Kurfürstentag offiziell eröffnet. Kaiser Ferdinand war zu dieser Zeit bereits in gesundheitlich schlechter Verfassung, vgl. Haan, Kurfürstentag, S. 93–96.

207 Vermutlich handelte es sich um die Frau von Hauptmann Denis [Dionysius] MacDonnell (andere Schreibweisen: MacDaniel, O'Donnell) of Tyrconnell. Er gehörte dem Regiment Butler an und war unmittelbar an der Ermordung Wallensteins beteiligt, vgl. Worthington, Scots, passim, sowie Internet-Ressource im Anhang. Gleiches gilt möglicherweise für Griffin Markham († nach 1644). Markham war ein englischer Heerführer, der aufgrund seiner Beteiligung an zwei Anschlägen auf König Jakob I. (Bye Plot und Main Plot) um 1603 zum Tode verurteilt, dann aber zu lebenslangem Exil begnadigt worden war. Nach seiner Enteignung und Exilierung im Jahre 1605 hatte er sich einem englischen Regiment in Flandern, möglicherweise dem vorgenannten Regiment Butler angeschlossen, siehe Markham, History, S. 99–104, passim. Zu weiteren britischen Exilkatholiken im kaiserlichen Heer und deren Verwicklung in den Mordkomplott gegen Wallenstein siehe Worthington, Scots, passim; sowie weiter oben, Anm. 154.

208 Genueser Prolegat war nach dem kaiserlichen Hofstaatsverzeichnis von 1637 Pietro Panical, siehe Online-Ressource im Anhang.

209 Der Reichstag tagte im Reichssaalbau, der zur Baugruppe des Regensburger Rathauses gehört, vgl. dazu Mader, Kunstdenkmäler, Regensburg III, S. 84–90.

210 Ferdinand, Herzog von Bayern (1577–1650), vgl. NDB 5, S. 90.

211 Kurfürst Georg Wilhelm von Brandenburg (1595–1640), vgl. NDB 6, S. 203 f.

212 Kurfürst Johann Georg I. von Sachsen (1585–1656), vgl. NDB 10, S. 525 f.

213 Die Propositionen waren den Gesandten bereits am 16. und 17. 9. 1636 (neuer Stil) zugestellt worden. Am 18. 9. 1636 setzten die Erörterungen im Plenum ein, vgl.

Haan, Kurfürstentag, S. 115 f. Die kaiserlichen Propositionen vom 15.9.1636 sind abgedruckt im Theatrum Europaeum 3, S. 692–697. Die Stellungnahme des Pfalzgrafen Karl Ludwig aus dem Londoner Exil vom 4.9.1636 ist abgedruckt ebd., S. 713 f.

214 Erzherzog Leopold Wilhelm von Österreich (1614–1662), vgl. NDB 14, S. 296–298.

215 Siehe weiter vorne, Anm. 23.

216 Gesandter der Niederlande war Foppe van Aitzema (1580–1637). Er konvertierte kurz vor seinem Tod in Wien zum Katholizismus, siehe NDB 1, S. 119.

217 Nach Mader, Kunstdenkmäler, Regenburg II, S. 147 f., waren die unbeschuhten Karmeliten erst um 1635 auf Veranlassung von Kaiser Ferdinand II. nach Regensburg gekommen. Bis zur Errichtung der Karmeliterkirche im Jahre 1641 lebten sie bei St. Leonhard, der Kirche, die Crowne vermutlich als Karmeliterkirche identifiziert.

218 Hl. Teresa von Ávila; Schutzpatronin von Spanien. Interessant ist das Datum in Bezug auf die Gregorianische Kalenderreform: Da auf Anordnung des Papstes im Jahre 1582 die Tage vom 4.–15. Oktober ausfielen, musste dieser Feiertag vom 5. auf den 15. Oktober verlegt werden. In England hatte jedoch der julianische Kalender bis 1752 Gültigkeit. Deshalb ist hier das alte Datum genannt.

219 Leslie war an der Ermordung Wallensteins beteiligt, siehe weiter oben, Anm. 154.

220 Es handelt sich hier um die Hochzeit des Jakub Wejher (im Original: „Wager") (1609–1657), eines deutsch-polnischen Adeligen mit Anna Elisabeth von Schaffgotsch. Wejher (andere Schreibweisen: Weiherr, Waier, Weier, Weyher) hatte im Heer Wallensteins gedient und wurde 1636 in den Reichsgrafenstand erhoben, war 1643–1657 Woivode (Statthalter) der Marienburg in Westpreußen und anderer polnischer Burgen. 1643 gründete er die Stadt Weihersfrei, später: Neustadt in Westpreußen (heute Wejherowo) sowie den dortigen Kalvarienberg, siehe Online-Ressource im Anhang. – Anna Elisabeth Freiherrin von Schaffgotsch (im Original: „Schafcutzin") (1622–1650), zum Zeitpunkt ihrer Hochzeit erst 14 Jahre alt, war die Tochter des Hans Ulrich Schaffgotsch gen. Semperfrei von und zu Kynast und Greiffenstein, Freiherr von Trachenberg auf Warmbrunn (1595–1635). Als General und Gefolgsmann Wallensteins war er beim Kaiser in Ungnade gefallen und nach wiederholter Folter am 23. 7. 1635 in Regensburg hingerichtet worden, siehe ADB 30, S. 541–545; sowie Online-Ressource im Anhang.

221 Im Text „Count Schlyk". Gemeint ist Heinrich Graf von Schlik zu Bassano und Weißkirchen, (1580–1650), österreichischer Feldmarschall und Hofkriegsratspräsident. Ursprünglich Lutheraner, war er um 1621 zum Katholizismus konvertiert, siehe ADB 31, S. 495–499.

222 Im Original „Marquis de Castillado". Gemeint ist Sancho de Zúñiga y Monroy, Marquis de Castañeda, spanischer Gesandter in Wien, siehe Springell, Connoisseur, S. 128, Anm. 188; sowie Online-Ressource im Anhang.

223 Hier handelt es sich um den kaiserlichen Kämmerer und Reichshofrat Graf Johann Adolf I. zu Schwarzenberg (1615–1683), seit 1670 Fürst zu Schwarzenberg. Sein Vater war der kurbrandenburgische Gesandte Graf Adam von Schwarzenberg (1583–1614), der – obwohl selbst katholisch – einer der wichtigsten politischen Berater des calvinistischen Kurfürsten war, siehe ADB 33, S. 779–794, sowie Online-Ressource im Anhang.

224 Nach Schäfke, Hollar, S. 12, erhielt Wenzel Hollar an diesem Tag (26. 10., neuer Stil) einen Majestätsbrief Kaiser Ferdinands II., in dem ihm das Recht gewährt

wurde, künftig den Namen „Pachenberger von Löwengrün und Bareth", eine Zusammenführung des väterlichen und mütterlichen Namens und Wappens, zu führen.

225 Hier ist Wolfgang Adam Graf zu Pappenheim (1618–1647) gemeint, der im Duell erschossen wurde. Er ist der einzige Sohn aus erster Ehe des bekannten Generals Gottfried Heinrich Graf zu Pappenheim, der 1632 in der Schlacht von Lützen fiel. Mit Wolfgang Adams Tod starb die Linie des Gottfried Heinrich Graf zu Pappenheim aus. Siehe auch: NDB 8, S. 49–52; sowie Online-Ressource im Anhang.

226 Zu Kurfürst Philipp Christoph von Trier, siehe weiter vorne, Anm. 52.

227 Zur Geburt des späteren Kurfürsten Ferdinand Maria von Bayern (1636–1679), siehe ADB 6, S. 677–679. Ferdinand Maria wurde am 31. 10. 1636 (gregorianischer Kalender) in München geboren. William Crowne verwandte jedoch den damals in England noch gültigen julianischen Kalender, nach dem die Geburt auf den 22. Oktober fällt. Die Nachricht, dass die bayerische Herzogin einen Sohn zur Welt gebracht hatte, erreichte Crowne folglich mit einer Verzögerung von einer Woche, vgl. Theatrum Europaeum 3, S. 714, hier jedoch mit falschem Datum.

228 Hier handelt es sich wohl um den Hofdeputierten Caspar Graf von Starhemberg (1598–1646, im Original: „Count of Styrenburg"), der nach Auskunft des Oberösterreichischen Landesarchivs Linz, E. III.1/2, Bd. 471, Nr. 156 um 1636 an den kaiserlichen Hof in Regensburg geschickt worden war. Starhemberg war um 1630 vom Calvinismus zum Katholizismus konvertiert und hatte sich bei der Niederschlagung der – auch konfessionell motivierten – Bauernunruhen im österreichischen Machland als kaisertreu hervorgetan, siehe dazu Bastl, Tugend, S. 115 f.

229 Hier ist vermutlich Graf Johann Wilhelm von Stubenburg (1619–1663, im Original: „Schmurbenburg junior") gemeint, ein Dichter und Übersetzer der Barockzeit. Er entstammte einer protestantischen Familie, die aus Böhmen emigriert war und sich um 1629 in Regensburg niedergelassen hatte. Sein Vater war im Jahre 1620 bei einem Anschlag im böhmischen Jičín getötet worden – dessen Vetter, Graf Georg von Stubenberg († 1630) hatte ihn deshalb erzogen und mit nach Regensburg genommen. Deshalb und weil Johann Wilhelm um 1636 erst siebzehn Jahre alt war der Zusatz „junior". Ein Epitaph auf dem Gesandtenfriedhof der Regensburger Dreieinigkeitskirche, wohin auch Johann Wilhelm nach dessen Tod in Wien (wo er als Protestant nicht bestattet werden durfte) überführt wurde, erinnert an die Genannten. Wie die jungen Männer im Gefolge Arundels unternahm Stubenburg noch im gleichen Jahr eine Bildungsreise nach Frankreich, Italien und in die Niederlande. Auch stand er mit anderen Schriftstellern seiner Zeit, etwa mit Andreas Gryphius, in Briefkontakt, siehe Online-Ressource im Anhang.

230 Freiherr (später Graf) Johann Maximilian von Lamberg (1608–1682) war seit 1634 Kämmerer des Königs von Ungarn, der um 1636 in Regensburg als Ferdinand III. zum deutschen Kaiser gewählt wurde. Seit 1637 Reichshofrat, wurde Lamberg 1643 auf den Friedenkongress nach Münster entsandt und unterschrieb 1648 in Osnabrück die Schlussakte des Westfälischen Friedens, siehe ADB 17, S. 538 f. – Nach Kneschke, Adels-Lexicon, Bd. 7, S. 141, ist Ottavio Piccolomini ohne leibliche Nachkommen gestorben. Bei dem hier genannten Kämmerer Franziskus Piccolomini († 1656) handelt es sich um den Neffen des berühmten Feldherrn. Er mag auch die literarische Vorlage für dessen in Schillers Wallenstein erwähnten fiktiven Sohn Max Piccolomini sein. Zu den Vorgenannten siehe auch den Status particularis regiminis (kaiserlicher Hofstaat um 1637) unter Online-Ressource im Anhang.

231 Kardinalinfant Ferdinand von Spanien (spanisch: Fernando de Austria) (1609 oder 1610–1641), seit 1619/20 Kardinal und Erzbischof von Toledo, siegte in der Schlacht von Nördlingen (1634) als kaiserlicher Feldherr gemeinsam mit dem König von Ungarn über die Schweden, 1633–1641 Statthalter der Spanischen Niederlande, siehe Online-Ressource im Anhang.

232 Hier handelt es sich vermutlich um den gräflich-oldenburgischen Geheimrat Ilico (Eelco) Ummius (1581–1643). Das VD17 (Online-Ressource im Anhang) nennt ihn zwischen 1604 und 1640 als Autor verschiedener juristischer Gutachten. Oberst Peter Erik Andersson (im Original: „Henderson", sonst auch „Andersohn, Anterson, Arendsson, Arnson, Arentsohn" und weitere Schreibweisen), stand um 1636 als Obrist in schwedischen Diensten, siehe: Online-Ressource im Anhang.

233 Im Original „Bockheim". Gemeint ist wohl Johann Christoph III. von Puchheim-Göllersdorf (1605–1657), Generalfeldzeugmeister und späterer Hofkriegsratspräsident, siehe Online-Ressource im Anhang.

234 Peter Heinrich, Graf von Stralendorf (1580–1637), Reichsvizekanzler des Heiligen Römischen Reiches, siehe – im Artikel seines Vaters Leopold von Stralendorf – in ADB 36, S. 493–495.

235 Das im Kern noch mittelalterliche Nürnberger Rathaus war noch in den Jahren 1616 bis 1622 zu einer repräsentativen Vierflügelanlage ausgebaut worden. Die Arbeiten hatte man wegen der drohenden Kriegsgefahr und wohl auch aus finanziellen Gründen vorzeitig einstellen müssen, siehe dazu sowie auch zur ehemals reichen Innenausstattung des 1945 stark zerstörten Gebäudes Fehring, Nürnberg, S. 176–183.

236 Im Original: „C[igis]Mundus".

237 Zu Arundels zweitem Besuch in Nürnberg siehe Gümbel, S. 111–114. Die Motive für ein solch wertvolles Geschenk, das Arundel dem König von England zu übermitteln hatte, sind nicht recht klar. Vielleicht wollte man damit dem Hof in London signalisieren, wie sehr man den Mord an den zwei Engländern bedauere. Die von König Charles für die Stadt Nürnberg in Auftrag gegebenen Kopien der beiden Gemälde sollten dort allerdings nie eintreffen.

238 Nach Springell, Connoisseur, S. 131, Anm. 200, dürfte es sich hier um das Haus des Patriziers Hieronymus Imhoff gehandelt haben. Nach Fehring, Nürnberg, S. 216, befand sich das 1945 zerstörte „Imhoff'sche Doppelhaus", ein Komplex mit zwei Innenhöfen, nicht weit vom Rathaus entfernt am Egidienplatz.

239 Zur Burg siehe Fehring, Nürnberg, S. 152–165. Der „Tiefe Brunnen" stammt wohl aus dem 12. Jahrhundert, Brunnenhaus und Badstube von 1563/64. Nach Crownes Angaben dürfte der Brunnen damals über 200 Meter tief gewesen sein, was maßlos übertrieben scheint.

240 Gemeint ist Fürstbischof Franz von Hatzfeld (1596–1642), siehe: Reinhard Weber: Würzburg und Bamberg im Dreißigjährigen Krieg. Die Regierungszeit des Bischofs Franz von Hatzfeld (1631–1642), Würzburg 1979.

241 Zum Verbleib der Würzburger Madonna siehe Springell, Connoisseur, S. 131 f., Anm. 203.

242 Heute: Tauberbischofsheim.

243 Im Original: „Hybach". Gemeint ist das am linken Mainufer gelegene Kleinheubach. Beim dem hier erwähnten Bauwerk handelt es sich um die im 16. Jahrhundert durch die Grafen von Erbach erbaute Georgenburg. Heute befindet sich an dieser Stelle das im 18. Jahrhundert errichtete Schloss Löwenstein. Durch einen Groß-

brand am 24. 4. 1627 war Kleinheubach nahezu zerstört worden, siehe Online-Ressource im Anhang.

244 Im Original: „Count Vandosme". Gemeint ist vermutlich François de Vendôme, Duc de Beaufort (1616–1669), illegitimer Enkel König Heinrichs IV. von Frankreich. Schon früh hatte er verschiedene Kommandos im 30-jährigen Krieg übernommen. Um 1642 an einer Verschwörung gegen Kardinal Richelieu beteiligt, musste er einige Zeit im englischen Exil leben, siehe: The Encyclopaedia Britannica, Bd. 3, Cambridge [11]1910, S. 586, weiterführende Literatur ebd.

245 Zu Freiherr Jakob von Ramsay (1589–1639) in: ADB 27, S. 220–222.

246 Zur Belagerung Hanaus, siehe weiter oben, Anm. 65.

247 Im Original: Loo; vermutlich der örtlichen Mundart (Nahe = „Noh") nachempfunden.

248 Es handelt sich um die frühere Insel Oberwerth, heute mit dem Land verbunden und ein südlicher Stadtteil von Koblenz.

249 Im Original: „Genetta". Kardinal Marzio Ginetti (1585–1671) war 1636 als päpstlicher Sonderlegat nach Köln entsandt worden. Dort sollte er im Auftrag des Papstes einen Friedenskongress der katholischen Mächte organisieren. Zu diesem Zweck hatte er sich vom 26.9. bis 29.9.1636 (alter Stil) ebenfalls in Regensburg aufgehalten, vgl. Theatrum Europaeum 3, S. 714 f. Ginettis Zusammentreffen mit Arundel ist insofern bemerkenswert, als es diesem seitens der Kurie nicht erlaubt war, mit Vertretern protestantischer Mächte Kontakt aufzunehmen, siehe dazu Online-Ressource im Anhang.

250 Im Original: „Monsieur Salade". Gemeint ist Louis de Briançon, Seigneur de la Saludie, französischer Maréchal de Campagne, Kommandant der Festung Ehrenbreitstein von 1632–1637, siehe Wischemann, Festung Koblenz, S. 208.

251 Bei dem namentlich nicht genannten Leutnant des Kommandanten von Koblenz handelt es sich wahrscheinlich um den kurbayerischen Oberstleutnant Georg Druckmüller von Mühlburg († 1659), Druckmüller war einer der wenigen Protestanten im bayerischen Heer. In zeitgenössischen Quellen als skrupellos und karrierebewusst beschrieben, stieg er 1653 in den Freiherrenstand auf, vgl. Online-Ressource im Anhang. Nach Stramberg, Rheinischer Antiquarius II.1, S. 371, berichtete der Pfarrer zu Liebfrauen in Koblenz, dass Druckmüller mit seinen kroatischen Söldnern der Festung Ehrenbreitstein hart zugesetzt habe. Verschiedentlich hätten diese die Festungswerke überwinden und auch Gefangene machen können, die dann von Druckmüller verhört worden seien. Im Mai 1636 habe er schließlich sämtliche Wasserleitungen auf den Ehrenbreitstein zerstören lassen. Daraufhin hatten die Franzosen im August 1636 einen Ausfall gewagt, der jedoch keine Entscheidung herbeiführte. Dennoch hielten sie den Ehrenbreitstein noch bis zum 27.6.1637 besetzt. Vgl. Schwickerath, Philippsburg, S. 117; Theatrum Europaeum 3, S. 684, 747 f.

252 Im Original: „Geatts". Johann Graf von Götzen (oder Götz) (1599–1645), zunächst kurbayerischer, dann kaiserlicher Feldmarschall. Als Protestant erzogen, kämpfte Götzen zunächst im Heer der böhmischen Stände. Bis 1626 diente er unter Ernst von Mansfeld, lief aber dann zu Wallenstein über. Anfang 1636 wurde er als Feldmarschall in bayerische Dienste übernommen und leitete die Einschließung von Koblenz und Ehrenbreitstein. Weitere bibliographische Angaben in ADB 9, S. 510 f. und ADB 26, S. 784.

253 Das Theatrum Europaeum 3, S. 739, berichtet, dass Arundel nach seiner Ankunft in Köln am 8./18.12.1636 so ungehalten über das Scheitern seiner Mission

gewesen sei, dass er in Abstimmung mit König Karl von England die an ihn gerichtete diplomatische Korrespondenz ungeöffnet an die jeweiligen Absender zurückschicken ließ.

254 Mülheim ist heute ein Stadtteil von Köln und liegt – von Crownes Ausführungen abweichend – rheinabwärts am rechten Rheinufer. Dementsprechend handelt es sich bei „Sonts" um das linksrheinische Städtchen Zons. Von 1463 bis 1796 war Zons an das Kölner Domkapitel verpfändet, vgl. Keyser, Rheinisches Städtebuch, S. 438.

255 Bei der Kehl oder dem „Fluss aus dem Rhein" handelt es sich um einen Nebenarm des Rheins, der bei der Ostverlagerung des Rheinbetts übriggeblieben war und damals noch befahren werden konnte. Seit dem 13. Jahrhundert hatten die Neusser vergeblich versucht, die Verlagerung des Flussbetts und die damit einhergehende Versandung ihres Hafens durch den Bau von Leitwerken und Schleusen aufzuhalten.

256 Gemeint ist das an der Mündung des Angerbaches gelegene Haus Angerort, eine kleine Burg, die die Grenze des Herzogtums Berg gegen Norden hin absichern sollte. Nach Zerstörungen und zahlreichen Umbauten sind heute der Graben und damit auch die beiden unteren Stockwerke der kleinen Festung zugeschüttet, deren mittelalterlicher Kern von außen nicht mehr erkennbar ist, siehe Online-Ressource im Anhang.

257 Zur Festung Orsoy, in der von 1632 bis 1640 eine niederländische Besatzung lag, siehe Online-Ressource im Anhang. Heute sind – nach der Schleifung der Anlage durch die Franzosen im Jahre 1672 – nur noch geringe Reste der einstigen Festung erhalten. Orsoy ist heute ein Stadtteil von Rheinberg.

258 Im Original: „Buricksweasell", heute Stadtteil von Wesel.

259 Gemeint ist hier der niederländische Edelmann Cornelis van Aerssen (1600–1660), der damals als einer der reichsten Männer der Niederlande galt, vgl. van der Aa, Biographisch Woordenboek 1, S. 106 f. Seine Beauftragung als Gouverneur von Nimwegen ist im Nationalarchiv in Den Haag erhalten, Collective Van Aerssen, 1418–1910, nummer toegang 1.10.01, inventarisnummer 47: Commissie (opdracht) van Frederik Hendrik, prins van Oranje, voor Cornelis van Aerssen, heer van Spijck, ridder van St. Michiel, als gouverneur van Nijmegen. 1635.
Die Strecke von Nijmegen nach Tiel war zu dieser Zeit die Demarkationslinie nach den spanischen Niederlanden.

260 Huis Buren wird um 1298 erstmals urkundlich erwähnt. Um 1630 wurde das Schloss für Prinz Friedrich Heinrich von Oranien restauriert, verfiel jedoch nach dessen Tod zusehends. Um 1804 genehmigte die Regierung den Abriss, 1883 wurden die letzten Mauerreste beseitigt, siehe dazu Online-Ressource im Anhang.

261 Colonel Ferdinand Carey (im Original: „Ferdinando Carie") († 1663), Sohn von Sir Robert Carey, diente im Heer der Generalstaaten, siehe Cokayne, Complete Peerage 6, S. 630. Das Tulpenfieber in den Jahren 1636/37 gilt als erste gut dokumentierte Spekulationsblase der Wirtschaftsgeschichte. Bevor der Markt zusammenbrach, wurden einige Tulpenzwiebeln zu Spitzenpreisen von bis zu 2600 Gulden gehandelt, siehe dazu Online-Ressource im Anhang.

262 Der 14.12.1636 (alter Stil = julianischer Kalender) entspricht dem 24.12.1636 (neuer Stil = gregorianischer Kalender), siehe dazu im Anhang, S. 119.

263 Im Original: „Weishouse". Hier handelt es sich um das frühere Waisenhaus in der Kalverstraat. Nach Meischke, Burgerweeshuis, passim, handelt es sich bei dem

Gebäudekomplex um ein früheres Kloster, das um 1579 in ein Waisenhaus umgebaut worden war. Noch kurz vor Crownes Besuch, zwischen 1632 und 1635, war die Baugruppe beträchtlich erweitert und modernisiert worden. Heute befindet sich hier das Historische Museum der Stadt Amsterdam.

264 In den Jahren 1603 bis 1606 entstand aus dem früheren städtischen Arsenal das Ostindienhaus (Oost-Indisch Huis), der Amsterdamer Hauptsitz der VOC (Vereenigde Oostindische Compagnie). 1633/34 wurde das Gebäude beträchtlich erweitert, wodurch der Gebäudekomplex nunmehr an der Oude Hoogstraat lag. Heute ist das Gebäude Teil der Universität Amsterdam. Das Westindienhaus (West-Indisch Huis) am Herenmarkt wurde 1617 errichtet und in den Jahren von 1623 bis 1647 von der WIC (West-Indische Compagnie) genutzt. Später diente es als Hotel und Waisenhaus. Heute wird es von verschiedenen Firmen genutzt. Vgl. Online-Ressource im Anhang.

265 Ludwig Camerarius (1573–1651), seit 1603 kurpfälzischer Reichstagsgesandter, 1626 in schwedischen Diensten, 1629–1645 schwedischer Gesandter bei den Generalstaaten, siehe ADB 3, S. 724–726. Nach Springell, Connoisseur, S. 135, Anm. 223, war ein Teil seiner diplomatischen und privaten Korrespondenz mit dem kurpfälzischen Rat Rusdorf in feindliche Hände gefallen und befindet sich heute in der Bayerischen Staatsbibliothek München. – Floris II van Pallandt, Graaf Culemborg (1577–1639), niederländischer Politiker, siehe van der Aa, Woordenboek 15, S. 46–51 (s. v. Pallant). Als „Staten-Generaal" wird das Parlament der Vereinigten Niederlande bezeichnet.

266 Gemeint ist das zwischen 1633 und 1636 für Prinz Friedrich Heinrich von Oranien errichtete Huis ter Nieuwburg. In diesem Schloss wurde 1697 der Friede von Rijswijk geschlossen. Im 18. Jahrhundert verfiel das Schloss und wurde schließlich um 1790 abgerissen, siehe dazu Online-Ressource im Anhang.

267 Auf der „Kaart Figuratief (1675–1677)" des Delfter Kupferstechers Dirck van Bleyswyck ist ersichtlich, dass die unmittelbar vor der Oude Kerk verlaufende Gracht „Oude Delft" in früheren Zeiten mit einem Kirchhof überbaut war.

268 Gardiner, History 8, S. 158 f.

Zeitangaben, Maße und Gewichte

William Crowne datierte in seinem Reisetagebuch nach dem damals in England und anderen protestantischen Staaten noch üblichen Julianischen Kalender (alter Stil). So entspricht Sonntag, 1. Mai (alter Stil) dem 11. Mai (neuer Stil) – dem katholischen Pfingstsonntag. Im Tagebuchtext wurde dieser von Crowne fälschlich als Weißer Sonntag (Quasimodogeniti) identifiziert, dem ersten Sonntag nach Ostern – den 14. Dezember 1636 (alter Stil) benennt er hingegen zutreffend als katholischen Weihnachtsabend (siehe S. 83). Wenzel Hollar datierte einige seiner Skizzen, die er auf jener Reise anfertigte, nach beiden Kalendern. So versah er seine Zeichnung des Pfalzgrafensteins, die er an o.g. Datum anfertigte, mit der Angabe „$\frac{1.}{11.}$May 1636".

Leuge oder Wegstunde (League): „1 league" = 3 englische Meilen = 4828 m. Die englische „league nautical" beträgt 5565 m.
Englische Meile: „1 english mile" (seit 1592) = 5280 feet = 1609 m. Die „mile nautical" beträgt 1853 m.
Niederländische Meile: ca. 7400 m. Auch Crowne gibt die niederländische Meile mit vier englischen Meilen an, siehe S. 50.
Deutsche Landmeile: 7532 m.
Faden: „1 fathom" = 2 yards = 1,829 m.
Schritt: „1 pace" = 2½ Fuß = 0,762 m.
Morgen oder Quadrat: entspricht etwa dem englischen acre = ca. 4046,86 m^2.

Literatur

van der Aa, Abraham J. (Hrsg.): Biographisch Woordenboek der Nederlanden. 21 Bde. Haarlem 1852–1878.

Allgemeine Deutsche Biographie [ADB], 55 Bde., hrsg. durch die historische Commission bei der Königlichen Akademie der Wissenschaften. München 1875–1910. Reprint der Erstauflage. Berlin 1967–1971.

Bastl, Beatrix: Tugend, Liebe, Ehre. Die adelige Frau in der frühen Neuzeit. Wien 2000.

de Beaufort, R. F.P. und van den Berg, Herma M.: De Betuwe, Een deel uit de serie Nederlandse Monumenten van geschiedenis en kunst. Den Haag 1968.

Bechthold, Arthur: Eine Reise durch Franken. In: Archiv des historischen Vereins für Unterfranken 67 (1928), S. 17–40.

Clemen, Paul (Hrsg.): Die Kunstdenkmäler der Stadt Köln, Bände II/1 und II/3. Die kirchlichen Denkmäler der Stadt Köln. Düsseldorf 1911 und 1934.

Cokayne, George E. und Gibbs, Vicary (Hrsg.): The Complete Peerage of England, Scotland, Ireland, Great Britain and the United Kingdom, Extant, Extinct or Dormant, ND in 6 Bänden, Gloucester 2000.

Denkstein, Vladimir: Wenceslaus Hollar. Zeichnungen, Prag 1977. Hanau 1979.

Dickmann, Fritz: Der Westfälische Frieden, Münster [7]1998.

DNB, siehe unter: Stephen, Leslie The Encyclopaedia Britannica, Bd. 3, Cambridge [11]1910.

Fehring, Günther P. und Ress, Anton: Die Stadt Nürnberg. München [2]1977 (= Bayerische Kunstdenkmale 10).

Gardiner, Samuel Rawson: History of England from the accession of James I to the outbreak of the Civil War 1603–1642. Bde. VII und VIII, London 1884.

Göttert, Rolf: Notizen aus dem Stadtarchiv – Beiträge zur Rüdesheimer Stadtgeschichte, o. J., Nr. 109, S. 2.

Groningen, Catharina L. van: De Stichtse Lustwarande: buitens in het groen, in: De Nederlandse monumenten van geschiedenis en kunst, hrsg. durch den Rijksdienst voor de Monumentenzorg, Zeist, Teil 2: De provincie Utrecht. De Utrechtse Heuvelrug. Zeist/Zwolle 1999.

Gümbel, Albert: Die englische Mission des Grafen Arundel in Nürnberg, Mai und November 1636. In: Archivalische Zeitschrift N. F. 11 (1904), S. 100–117.

Haan, Heiner: Der Regensburger Kurfürstentag von 1636/37. Münster 1967 (= Schriftenreihe der Vereinigung zur Erforschung der Neueren Geschichte 3).

Höbelt, Lothar: Ferdinand III. Friedenskaiser wider Willen. Graz 2008.

van Kempen, Paul und Hom, Caroline: Verborgen kastelen in zicht, Archeologisch onderzoek en inrichting van kasteelterreinen. Amsterdam 2005.

Keyser, Erich (Hrsg.): Hessisches Städtebuch. Stuttgart 1971 (= Deutsches Städtebuch IV/1).

Keyser, Erich (Hrsg.): Bayerisches Städtebuch, Teil 1. Stuttgart 1957 (= Deutsches Städtebuch V/1).

Keyser, Erich (Hrsg.): Bayerisches Städtebuch, Teil 2. Stuttgart 1974 (= Deutsches Städtebuch V/2).

Keyser, Erich (Hrsg.): Rheinisches Städtebuch. Stuttgart 1956 (= Deutsches Städtebuch III).

Keyser, Erich (Hrsg.): Städtebuch Rheinland-Pfalz und Saarland. Stuttgart 1964 (= Deutsches Städtebuch IV).

Kneschke, Ernst Heinrich (Hrsg.): Neues allgemeines deutsches Adels-Lexicon, Bd. 7. Leipzig 1867.
Koldau, Linda Maria: Frauen – Musik – Kultur ein Handbuch zum deutschen Sprachgebiet der Frühen Neuzeit. Köln/Weimar/Wien 2005.
Kratochvil, M.: Hollars Journey on the Rhine. Prag 1965. Prag 1966.
Kraus, Andreas: Geschichte Bayerns. Von den Anfängen bis zur Gegenwart. München ^{3}2004.
Kuhn, Hanns: Die Schweden vor Ingolstadt, 28. April bis 4. Mai 1632, Sammelblatt des Historischen Vereins. Ingolstadt 1931.
Lemberg, Margret: Eine Königin ohne Reich. Das Leben der Winterkönigin Elisabeth Stuart und ihre Briefe nach Hessen. Marburg 1996.
Leson, Willy (Hrsg.): Wenzel Hollar in Köln, 1632–1636. Köln 1979.
Mader, Felix (Bearb.): Die Kunstdenkmäler von Niederbayern, III Stadt Passau. München ND 1981.
Mader, Felix (Bearb.): Die Kunstdenkmäler der Oberpfalz, XXII Stadt Regensburg, Bde. II und III. München 1933.
Mahr, Helmut: 1636. Thomas Howard, Earl of Arundel, reist in diplomatischer Mission durch Deutschland. In: Fürther Heimatblätter 51 (2001), S. 35–63.
Markham, David Frederick: A History of the Markham Family. London 1854.
Meischke, R.: Amsterdam Burgerweeshuis. 's-Gravenhage 1975.
Metzger, Paul: Wenzel Hollar in Bonn und Umgebung. In: Bonner Geschichtsblätter 27 (1975), S. 50–76.
Neue Deutsche Biographie [NDB], hrsg. durch die Historische Kommission bei der Bayerischen Akademie der Wissenschaften. Berlin 1953 ff.
Parthey, Gustav: Wenzel Hollar. Beschreibendes Verzeichnis seiner Kupferstiche. Berlin 1853. Nachdruck Amsterdam 1963.
Pennington, Richard: A descriptive catalogue of the etched work of Wenceslaus Hollar. Cambridge 1982.
Power, D'Arcy: A Revised Chapter in the Life of Dr. William Harvey, 1636. In: Proceedings of the Royal Society of Medicine 10, Sect. Hist. Med. (1917), S. 33–59.
Ritter, Alexander: Konfession und Politik am hessischen Mittelrhein (1527–1685). Darmstadt und Marburg 2007 (= Quellen und Forschungen zur hessischen Geschichte 153).
Roland, Berthold (Hrsg.): Wenzel Hollar – Reisebilder vom Rhein. Mainz 1987.
Schäffer-Huber, Gisa: Eine Donaureise im Dreißigjährigen Krieg. Wenzel Hollar. In: Ostbairische Grenzmarken 38 (1996), S. 51–58.
Schäfke, Werner (Hrsg.): Wenzel Hollar – Die Kölner Jahre. Zeichnungen und Radierungen 1632–1636. Köln 1992.
Schindling, Anton: Wachstum und Wandel. Frankfurt 1555–1685, in: Frankfurt am Main. Die Geschichte der Stadt in neun Beiträgen, hrsg. von der Frankfurter Historischen Kommission. Sigmaringen 1991 (= Veröffentlichungen der Frankfurter Historischen Kommission 17).
Schwickerath, Marianne: Wo stand eigentlich die Philippsburg? Die ehemalige kurfürstliche Residenz in Ehrenbreitstein. Koblenz [1991].
Spies, W.: Wenzel Hollar. Rheinlandschaften. Düsseldorf 1926.
Springell, Francis: Connoisseur & Diplomat. The Earl of Arundels Embassy to Germany in 1636. London 1963.
Sprinzels, Franz: Hollar. Handzeichnungen. Leipzig 1938.

Stephen, Leslie, u. a. (Hrsg.): The Dictionary of National Biography. London 1885–1900.
Stöver, Jos, u. a. (Hrsg.): Kastelen en buitenplaatsen in Zuid-Holland. Zutphen 2000.
Urzidil, Johannes: Wenceslaus Hollar. Leipzig 1936.
Walter, Renate von: Das Augsburger Rathaus. Architektur und Bildgehalt. Augsburg 1972 (= Schriftenreihe des Stadtarchivs Augsburg 20).
Wischemann, Rüdiger: Die Festung Koblenz. Koblenz 1978.
Wolfsteiner, Alfred: Eine Reise durch die Oberpfalz und Niederbayern während des Dreißigjährigen Krieges. In: Heimat Ostbayern 6 (1991), S. 31–35.
Worthington, David: Scots in the Habsburg service, 1618–1648. Leiden 2004.
Zorn, Wolfgang: Augsburg. Geschichte einer europäischen Stadt. Augsburg ^{3}1994.

Online-Quellen

Zu S. 10ff. Wenzel Hollar, vgl. den Artikel „Hollar, Wenzel“ von Wolfgang Schulz in: www.ostdeutsche-biographie.de

Zu S. 18 Hendrick van der Borcht d. J., vgl. den Eintrag zur Stadtgeschichte in: www.frankenthal.de

Zu S. 22 Koningspaleis te Rhenen, www.kasteleninutrecht.eu/Koningspaleis.htm

Zu S. 37 Blausternwerk, vgl. den Eintrag zu Mühlen in Nürnberg: www.nuernberginfos.de

Zu S. 37 Dom St. Lorenz, vgl. den Eintrag zu Kirchen in Nürnberg: www.nuernberginfos.de

Zu S. 49 Maria Anna von Spanien (1606–1646), vgl. den Eintrag in: de.wikipedia.org

Zu S. 49f. Schloss Neugebäude, vgl. den Eintrag in: de.wikipedia.org

Zu S. 59 Kleinstadt Stod (Staab), vgl. den Eintrag in: de.wikipedia.org

Zu S. 59ff. Marktbruck: Überblick über die Geschichte und die Entwicklung unseres Marktes. Information der Marktgemeindeverwaltung, http://www.marktbruck.de/fileadmin/user_upload/PDF-Daten/Geschichte/Geschichte_des_Marktes _aus_Weka-Broschuere.pdf

Zu S. 63 Schwedenschimmel, vgl. Michael Klarner, Der Ingolstädter Schwedenschimmel – vom Ende eines königlichen Pferdes: mitglied.multimania.de/frankenste _in/ und: de.wikipedia.org

Zu Anm. 94 „Patronage- und Klientelsysteme am Wiener Hof“, vgl. www.univie.ac.at/Geschichte/wienerhof/wienerhof2/hofstaat2.htm

Zu Anm. 97 Siehe oben, Patronage- und Klientelsysteme am Wiener Hof.

Zu S. 49 Sommerschloss Favorita, Stichwort „Favoriten, 10. Bezirk Wiens“: www.oesterreichisch.net/oesterreich-1533-Favoriten.html

Zu S. 55 (u. S. 11) Codex Gigas, vgl. den Eintrag in: de.wikipedia.org

Zu Anm. 116 Siehe oben, Patronage- und Klientelsysteme am Wiener Hof.

Zu S. 66 Zu Denis O'Donnell of Tyrconnell, siehe: Bernd Warlich, Der Dreißigjährige Krieg in Selbstzeugnissen, Chroniken und Berichten: www.30jaehrigerkrieg.de/macdonnell-macdaniel-denis-dionysius-2/

Zu Anm. 126 Siehe oben, Patronage- und Klientelsysteme am Wiener Hof.

Zu S. 69 Jakub Wejher, vgl. den Eintrag in: en.wikipedia.org; Stammbaum „Schaffgotsch 2“, vgl.: genealogy.euweb.cz/austria/schaffg2.html

Zu S. 70 f. Wolfgang Adam von Pappenheim, siehe: Bernd Warlich, Der Dreißigjährige Krieg in Selbstzeugnissen, Chroniken und Berichten: http://www.30jaehrigerkrieg.de/pappenheim-wolfgang-adam-graf-von/

Zu S. 71 Kardinal-Infant Ferdinand von Spanien, vgl. den Eintrag in: de.wikipedia.org

Zu S. 70 Johann Wilhelm von Stubenburg, vgl. den Eintrag in: de.wikipedia.org

Zu S. 71 Ummius, Ilico (1581–1643), vgl. den Eintrag im Verzeichnis der im deutschen Sprachraum erschienenen Drucke des 17. Jahrhunderts. http://www.vd17.de/; zu Andersson siehe: Bernd Warlich, Der Dreißigjährige Krieg in Selbstzeugnissen, Chroniken und Berichten: www.30jaehrigerkrieg.de/andersson-per-erik/

Zu S. 71 Die Angaben zu Hans Christoph III., Graf von Puchheim (1605–1657)

nach: Historisches Seminar der Universität Wien, Projekt Patronage- und Klientelsysteme am Wiener Hof http://www.univie.ac.at/Geschichte/wienerhof/ wienerhof2/hofdamen/hf4.htm

Zu S. 75 Kleinheubach, vgl. den Eintrag in: de.wikipedia.org

Zu S. 78 Marzio Ginetti, vgl. den Eintrag in: http://requiem-projekt.de/ unter den Rubriken ‚Datenbank' und ‚Prosopographien anzeigen'.

Zu S. 81 Orsoy, vgl. den Eintrag in: de.wikipedia.org

Zu S. 82 Huis Buren, vgl. den Eintrag in: nl.wikipedia.org

Zu S. 80 Haus Angerort, vgl. den Eintrag in: de.wikipedia.org

Zu S. 82 Tulpenmanie, vgl. den Eintrag in: de.wikipedia.org

Zu S. 84 Ostindien/Oost-Indisch Huis (Amsterdam), vgl. den Eintrag in: nl.wikipedia.org, zu West-Indisch Huis (Amsterdam), vgl. den Eintrag in: nl.wikipedia.org

Zu S. 84 Huis ter Nieuwburg, Residenz des Prinzen von Oranien, vgl. den Eintrag in: en.wikipedia.org